KB023744

초등학생을 위한

표준 한국어
익힘책

학습 도구

1~2학년

초등학생을 위한
표준 한국어
익힘책

국립국어원 기획 | 이병규 외 집필

학습 도구

1~2학년

마리북스

발간사

　국립국어원에서는 교육부 2012년 '한국어 교육과정' 고시에 따라 교육과정을 반영한 학교급별 교재 개발을 진행하였습니다. 이어서 2017년 9월에 '한국어 교육과정'이 개정·고시(교육부 고시 제2017-131호)됨에 따라 2017년에 한국어(KSL) 교재 개발 기초 연구를 수행하였고, 연구 결과를 바탕으로 초등학교 교재 11권, 중고등학교 교재 6권을 개발하여 2019년 2월에 출판하였습니다.

　교재에 더하여 학교 현장에서 다문화가정 학생들의 한국어 의사소통 능력 및 학습 능력 함양에 보탬이 되고자 익힘책을 개발하게 되었습니다. 교재와의 연계성을 높인 내용으로 구성하여 말 그대로 익힘책을 통해 한국어를 더 잘 익힐 수 있도록 노력하였습니다. 더불어 익힘책의 내용을 추가 반영한 지도서를 함께 출판하여 현장에서 애쓰시는 일선 학교 담당자들과 선생님들에게도 교재 사용의 길라잡이를 제공하고자 하였습니다.

　'다문화'라는 말이 더 이상 낯설지 않은 한국 사회에서 다문화가정 학생들이 한국 사회 구성원으로서의 정체성 함양에 밑거름이 되는 한국어 능력을 기르는 데《초등학생을 위한 표준 한국어》가 도움이 되기를 바랍니다. 국립국어원에서는 이제껏 그래왔듯이 교재 개발 결과가 현장에서 보다 잘 활용될 수 있도록 돕기 위하여 교재 개발은 물론 교원 연수 등을 통해 지속적으로 다문화가정 학생들의 한국어 능력 향상을 위해 노력하겠습니다.

　끝으로 3년간《초등학생을 위한 표준 한국어》교재와 익힘책, 지도서 개발과 발간을 위해 애써 주신 교재 개발진과 출판사에 깊은 감사의 말씀을 드립니다.

2020년 1월
국립국어원장 소강춘

머리말

새로 발행되는 《초등학생을 위한 표준 한국어 익힘책》은 2019년에 개정되어 출판된 《초등학생을 위한 표준 한국어》와 함께 사용하는 보조 교재입니다. 본교재로서 《초등학생을 위한 표준 한국어》는 고학년과 저학년의 학령과 숙달도에 맞게 각 4권, 총 8권으로 출판된 〈의사소통 한국어〉 교재와 세 학년군, 세 권 책으로 분권 출판된 〈학습 도구 한국어〉 교재를 통해 초등학생들의 한국어(KSL) 학습의 바탕이 되고 있습니다. 익힘책 교재는 이들 교재와 긴밀하게 연계된 단원 구성을 가지고 있으며, 본교재의 한국어 (KSL) 학습 내용을 다시 떠올리고 관련된 연습 활동을 충분히 수행할 수 있도록 구성되었습니다.

〈초등학생을 위한 표준 한국어 의사소통 익힘책〉은 〈의사소통 한국어〉 교재와 연계되어 있으며 일상생활과 학교생활의 다양한 장면 속에서 어휘와 문법을 연습할 수 있도록 편찬되었습니다. 무엇 보다도 〈의사소통 한국어〉 본단원에서 학습한 목표 어휘와 문법을 다양한 상황에 따라 사용할 수 있고 말하고, 듣고, 읽고 쓰는 주요한 언어 기능의 통합적 사용을 되새기며 연습할 수 있도록 하는 활동이 주요하게 제시되었습니다. 〈학습 도구 한국어〉 교재와 연계된 〈초등학생을 위한 표준 한국어 학습 도구 익힘책〉은 교실 수업과 교과 학습 상황에 필요한 주요한 어휘와 학습 개념을 복습하고 활용하는 내용들로 채워져 있습니다. 본단원에서 제시된 학습 도구 어휘, 교과 연계적 개념과 기능 들을 특히 읽기와 쓰기의 문식성 활동들을 통해 되새기고 연습할 수 있도록 합니다.

2019년에 개정 출판되었던 《초등학생을 위한 표준 한국어》 교재와 마찬가지로, 새로 출판되는 《초등학생을 위한 표준 한국어 익힘책》 역시 초등학생 학습자와 초등 교육 현장의 특성을 충분히 이해하고 반영하려는 여러 노력들을 바탕으로 한 것입니다. 익힘책 편찬에서는 교실에서의 학습 조건이나 교재를 활용하는 다양한 환경이 많이 고려되었습니다. 학습자와 교사 모두가 본교재에 접근하는 데에 실질적인 도움을 얻고 어려움을 덜 수 있도록 익힘책이 보조하도록 하였습니다.

《초등학생을 위한 표준 한국어 익힘책》 편찬을 위해 많은 관심과 지원을 아끼지 않은 국립국어원 소강춘 원장님을 비롯한 관계자 여러분께 감사드립니다. 본교재와 더불어 익힘책 교재로 이어졌던 고된 집필을 마무리하기까지, 노력과 진심을 다해 주신 연구 집필진 선생님들께, 그리고 마리북스 정은영 대표를 비롯한 출판에 도움을 주신 많은 분들께도 감사의 마음을 전합니다.

2020년 1월
연구 책임자 이병규

〈학습 도구 한국어 익힘책 1~2학년〉은《초등학생을 위한 표준 한국어》중 〈학습 도구 한국어 1~2학년〉과 함께 사용합니다. 익힘책은 〈학습 도구 한국어 1~2학년〉의 각 단원 1차시~3차시 내용과 연계된 총 3차시 분량의 연습 문항들로 이루어져 있습니다. 〈학습 도구 한국어 1~2학년〉에서 배웠던 학습 어휘 및 학습 개념을 복습하고 활용할 수 있는 활동들로 구성하였습니다.

단원명

〈학습 도구 한국어〉연계 단원입니다.

차시명

〈학습 도구 한국어〉연계 차시입니다. 1차시~3차시가 연계됩니다. 연계된 본문의 쪽수가 표시됩니다.

익힘책 주요 활동

익힘책의 주요 활동입니다. '어려운 말 익히기', '부엉이 선생님 또 보기', '표현해 보기' 세 가지 활동이 단원에 따라 제시됩니다.

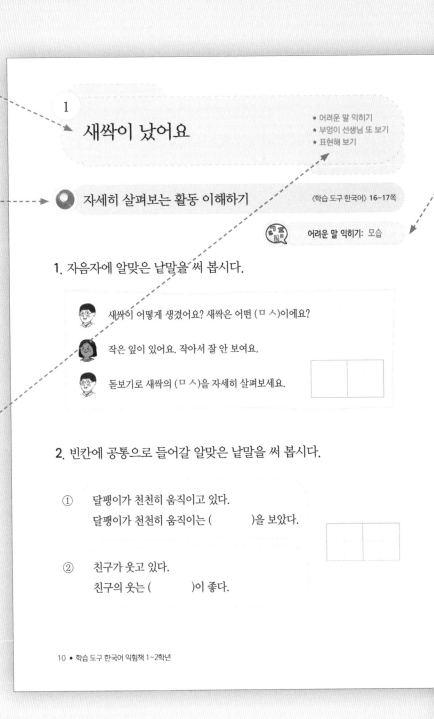

1

새싹이 났어요

• 어려운 말 익히기
• 부엉이 선생님 또 보기
• 표현해 보기

자세히 살펴보는 활동 이해하기   〈학습 도구 한국어〉16~17쪽

어려운 말 익히기: 모습

1. 자음자에 알맞은 낱말을 써 봅시다.

새싹이 어떻게 생겼어요? 새싹은 어떤 (ㅁㅅ)이에요?

작은 잎이 있어요. 작아서 잘 안 보여요.

돋보기로 새싹의 (ㅁㅅ)을 자세히 살펴보세요.

2. 빈칸에 공통으로 들어갈 알맞은 낱말을 써 봅시다.

①   달팽이가 천천히 움직이고 있다.
     달팽이가 천천히 움직이는 (   )을 보았다.

②   친구가 웃고 있다.
     친구의 웃는 (   )이 좋다.

10 • 학습 도구 한국어 익힘책 1~2학년

어려운 말 익히기

학습 도구 어휘의 복습 활동입니다. 〈학습 도구 한국어〉의 '어려운 말이 있어요? 확인해 봐요.'에서 제시된 예문 및 내용과 연계됩니다. 의미와 용법을 떠올리고 따라 씁니다.

어려운 말 익히기

학습 도구 어휘의 복습 활동입니다. 〈학습 도구 한국어〉 본문 중 파란색으로 표시되어 나오는 어휘 내용과 연계됩니다. 의미와 용법을 떠올리고 따라 씁니다.

 어려운 말 익히기: 설명, 이용

3. 파란색으로 표시된 낱말의 의미를 생각하며 따라 써 봅시다.

①
	선	생	님	께	서		새	싹	에
대	해		쉽	게		설	명	을	
해		주	셨	다	.				

②
	나	는		돋	보	기	를		이
용	해	서		새	싹	을		자	세
히		살	펴	보	았	다	.		

4. 빈칸에 알맞은 말을 골라 써 봅시다.

설명했다　　　이용했다

① 작은 잎을 자세히 살펴보기 위해 돋보기를 (　　　　　).

② 교과서의 내용을 친구에게 (　　　　　).

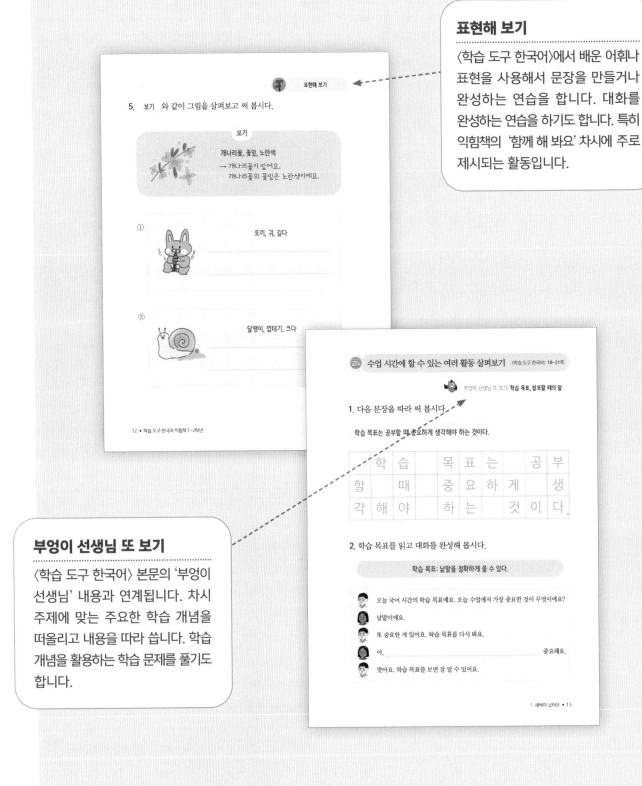

표현해 보기

〈학습 도구 한국어〉에서 배운 어휘나 표현을 사용해서 문장을 만들거나 완성하는 연습을 합니다. 대화를 완성하는 연습을 하기도 합니다. 특히 익힘책의 '함께 해 봐요' 차시에 주로 제시되는 활동입니다.

표현해 보기

5. 보기 와 같이 그림을 살펴보고 써 봅시다.

보기

개나리꽃, 꽃잎, 노란색
→ 개나리꽃이 있어요.
개나리꽃의 꽃잎은 노란색이에요.

① 토끼, 귀, 길다

② 달팽이, 껍데기, 크다

12 • 학습 도구 한국어 익힘책 1~2학년

부엉이 선생님 또 보기

〈학습 도구 한국어〉 본문의 '부엉이 선생님' 내용과 연계됩니다. 차시 주제에 맞는 주요한 학습 개념을 떠올리고 내용을 따라 씁니다. 학습 개념을 활용하는 학습 문제를 풀기도 합니다.

수업 시간에 할 수 있는 여러 활동 살펴보기 (학습 도구 한국어) 18~21쪽

부엉이 선생님 또 보기: **학습 목표, 발표할 때의 말**

1. 다음 문장을 따라 써 봅시다.

학습 목표는 공부할 때 중요하게 생각해야 하는 것이다.

학	습		목	표	는		공	부
할		때		중	요	하	게		생
각	해	야		하	는		것	이	다

2. 학습 목표를 읽고 대화를 완성해 봅시다.

학습 목표: 낱말을 정확하게 쓸 수 있다.

오늘 국어 시간의 학습 목표예요. 오늘 수업에서 가장 중요한 것이 무엇이에요?

낱말이에요.

또 중요한 게 있어요. 학습 목표를 다시 봐요.

아, _____ 중요해요.

맞아요. 학습 목표를 보면 잘 알 수 있어요.

1. 새싹이 났어요 • 13

차례

1 새싹이 났어요

• 어려운 말 익히기
• 부엉이 선생님 또 보기
• 표현해 보기

자세히 살펴보는 활동 이해하기

〈학습 도구 한국어〉 16~17쪽

 어려운 말 익히기: 모습

1. 자음자에 알맞은 낱말을 써 봅시다.

 새싹이 어떻게 생겼어요? 새싹은 어떤 (ㅁ ㅅ)이에요?

 작은 잎이 있어요. 작아서 잘 안 보여요.

 돋보기로 새싹의 (ㅁ ㅅ)을 자세히 살펴보세요.

2. 빈칸에 공통으로 들어갈 알맞은 낱말을 써 봅시다.

① 달팽이가 천천히 움직이고 있다.
달팽이가 천천히 움직이는 (   )을 보았다.

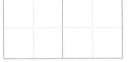

② 친구가 웃고 있다.
친구의 웃는 (   )이 좋다.

3. 파란색으로 표시된 낱말의 의미를 생각하며 따라 써 봅시다.

①

	선	생	님	께	서		새	싹	에
대	해		쉽	게		설	명	을	
해		주	셨	다	.				

②

	나	는		돋	보	기	를		이
용	해	서		새	싹	을		자	세
히		살	펴	보	았	다	.		

4. 빈칸에 알맞은 말을 골라 써 봅시다.

설명했다   이용했다

① 작은 잎을 자세히 살펴보기 위해 돋보기를 (   ).

② 교과서의 내용을 친구에게 (   ).

5. 보기 와 같이 그림을 살펴보고 써 봅시다.

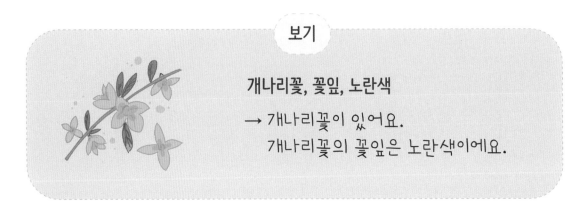

보기

개나리꽃, 꽃잎, 노란색

→ 개나리꽃이 있어요.
　개나리꽃의 꽃잎은 노란색이에요.

① 토끼, 귀, 길다

----

② 달팽이, 껍데기, 크다

수업 시간에 할 수 있는 여러 활동 살펴보기 <학습 도구 한국어> 18~21쪽

 부엉이 선생님 또 보기: **학습 목표, 발표할 때의 말**

1. 다음 문장을 따라 써 봅시다.

학습 목표는 공부할 때 중요하게 생각해야 하는 것이다.

	학	습		목	표	는		공	부
할		때		중	요	하	게		생
각	해	야		하	는		것	이	다.

2. 학습 목표를 읽고 대화를 완성해 봅시다.

학습 목표: 낱말을 정확하게 쓸 수 있다.

 오늘 국어 시간의 학습 목표예요. 오늘 수업에서 가장 중요한 것이 무엇이에요?

 낱말이에요.

 또 중요한 게 있어요. 학습 목표를 다시 봐요.

 아, _____ 중요해요.

 맞아요. 학습 목표를 보면 잘 알 수 있어요.

3. 발표할 내용을 발표할 때의 말로 바꾸어 써 봅시다.

① **[발표할 내용]**
새싹의 이름: 세모뿔
이름을 정한 까닭: 세모 모양의 뿔과 비슷한 모습

[발표할 때의 말]
저는 _____ 정했습니다.

왜냐하면 _____ 때문입니다.

② **[발표할 내용]**
새싹의 이름: 네모 두 개
이름을 정한 까닭: 네모 모양과 비슷한 잎이 두 개 있는 모습

[발표할 때의 말]
저는 _____ 정했습니다.

왜냐하면 _____ 때문입니다.

4. 그림을 보면서 자음자에 알맞은 말을 빈칸에 써 봅시다.

제가
발표하겠습니다.

① 하미는 똑바로 서서 (ㅂㄹ ㅈㅅ)로 발표했다.

② 하미는 (ㄴㅇㅁ)로 예의 바르게 발표했다.

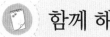 **함께 해 봐요**

 표현해 보기

1. 친구의 말에 알맞게 그림을 그려 봅시다.

> 웃는 얼굴을 그려 볼까?
> 먼저, 커다란 동그라미를 하나 그려.
> 그 동그라미 안에 작은 동그라미를
> 두 개 그려.
> 작은 동그라미 아래에 세모를 하나
> 그려.
> 세모 아래에는 웃는 입 모양 같은
> 선을 하나 그려.
> 색칠은 마음대로 해도 좋아.

[나의 그림]

2. 동생의 그림을 보고 말하고 있어요. 빈칸에 알맞은 말을 골라 써 봅시다.

한 개   두 개   아래쪽에   위쪽에

동생은 반달 모양과 선을 그렸어요.
반달 모양은 (　　　　　) 있고,
선은 (　　　　　) 있어요.
반달 모양은 선의 (　　　　　) 있어요.
선은 반달 모양의 (　　　　　) 있어요.

2 의미를 찾아요

- 어려운 말 익히기
- 표현해 보기

🔍 **그림이 나타내는 의미를 찾아보기**   〈학습 도구 한국어〉 28~29쪽

 어려운 말 익히기: 모양, 주변, 경험

1. 의미에 알맞은 낱말을 연결하고 따라 써 봅시다.

가까운 곳　●　　　●　경험　　|　|

겉으로 보이는 생김새　●　　　●　주변　　|　|

정말로 해 보는 것, 겪어 보는 것　●　　　●　모양　　|　|

2. 빨간색으로 표시된 낱말의 의미를 생각하며 따라 써 봅시다.

① 학교 주변에는 문구점이 몇 개 있다.

② 나는 동물원에 간 경험이 있다.

③ 동그라미 모양의 사탕이 있다.

3. 빈칸에 알맞은 낱말을 골라 써 봅시다.

경험   주변   모양

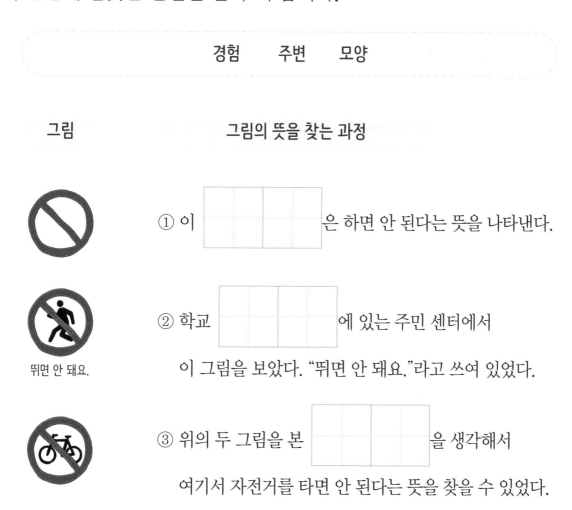

그림   그림의 뜻을 찾는 과정

① 이 [　　] 은 하면 안 된다는 뜻을 나타낸다.

뛰면 안 돼요.

② 학교 [　　] 에 있는 주민 센터에서

이 그림을 보았다. "뛰면 안 돼요."라고 쓰여 있었다.

③ 위의 두 그림을 본 [　　] 을 생각해서

여기서 자전거를 타면 안 된다는 뜻을 찾을 수 있었다.

4. 그림을 보면서 　보기　와 같이 답해 봅시다.

> **보기**
>
> 선생님: 친구들이 무엇을 해요?
> 자르갈: 운동을 하고 있어요.

①

선생님: 자르갈이 무엇을 먹어요?

하미: _____.

②

선생님: 하미가 들고 있는 것은 무엇이에요?

자르갈: _____.

5. 자음자에 알맞은 낱말을 써 봅시다.

어떤 말이 나타내는 뜻을 물어볼 때는
"어떤 (ㅇㅁ)가 있어요?"라고 해요.
"어떤 뜻이 있어요?"라고 물어볼 수도 있어요.
뜻과 (ㅇㅁ)는 서로 비슷한 말이에요.

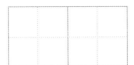

예상해서 답하기

 어려운 말 익히기: 규칙, 배열, 예상

1. 빨간색으로 표시된 낱말의 의미를 생각하며 따라 써 봅시다.

	한	글	카	드	가		이	어
지	는		모	습	에	서		규	칙
을		찾	을		수		있	다	.

2. 자음자에 알맞은 낱말을 쓰고 읽어 봅시다.

① 책꽂이에 책이 큰 것부터 차례차례 잘 놓여 있어.

책이 크기에 따라 (ㅂㅇ)이 잘 되어 있구나.

② 영화는 1시에 시작해.

그래. 영화를 보는 데 1시간이 걸려.

 그러면 영화가 몇 시에 끝나는지 (ㅇㅅ)을 할 수 있어?

응, (ㅇㅅ)을 할 수 있어. 영화는 2시에 끝날 거야.

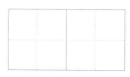

3. 어울리는 것끼리 연결하고 문장을 완성해 봅시다.

1) 어울리는 것끼리 연결해 보세요.

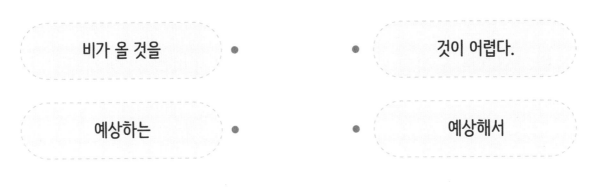

| 비가 올 것을 | • | • | 것이 어렵다. |
| 예상하는 | • | • | 예상해서 |

2) 1)번에서 연결한 것을 가지고 문장을 완성해 써 보세요.

① ＿＿＿＿＿＿＿＿＿＿＿＿＿＿＿ 우산을 가지고 왔다.

② 이번 시합은 결과를 ＿＿＿＿＿＿＿＿＿＿＿＿＿＿ .

표현해 보기

4. 빈칸에 알맞은 말을 넣어 대화를 완성해 봅시다.

선생님: 시계를 보며 말해 볼까요?

하미: 예. ⬚⬚⬚⬚ 은 1을 가리키고

⬚⬚⬚ 은 12를 가리키고 있어요.

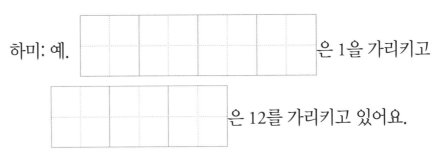

지금은 1시예요.

선생님: 잘했어요.

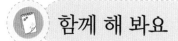
 표현해 보기

1. 빈칸에 알맞은 말을 넣어 대화를 완성해 봅시다.

자르갈: 세모 모양 다음에는 (   ).

빈센트: 그래. 동그라미 모양이 와. 그다음에는 또 세모 모양이 와. 다음에는
또 동그라미 모양이 와.

자르갈: 세모 모양과 동그라미 모양이 (   ).

빈센트: 맞아. 차례대로 이어지는 규칙이 있어. 세모와 동그라미 모양이
차례대로 나오는 거야.

2. 글의 내용에 알맞게 그림을 완성해 봅시다.

별 모양이 먼저 나오고 구름 모양이 나온다. 다음에는 별 모양이 두 개,
구름 모양도 두 개 나온다. 다음에는 별 모양이 세 개, 구름 모양도 세 개 이어질
것이 예상된다.

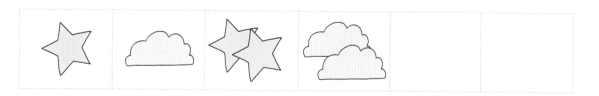

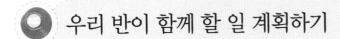

3 궁금한 것을 물어봐요

• 어려운 말 익히기
• 표현해 보기

 우리 반이 함께 할 일 계획하기 〈학습 도구 한국어〉 40~41쪽

어려운 말 익히기: 조사, 계획

1. 빈칸에 공통으로 들어갈 낱말을 쓰고 읽어 봅시다.

① 가을 과일에 대해 (㉠)해요.
궁금한 것이 생겼을 때는 (㉠)를 해요.

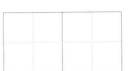

② 겨울 방학에 할 일을 (㉡)해요.
방학 (㉡)을 세워 놓고 잘 지키지 못했어요.

2. 어울리는 것끼리 연결해 봅시다.

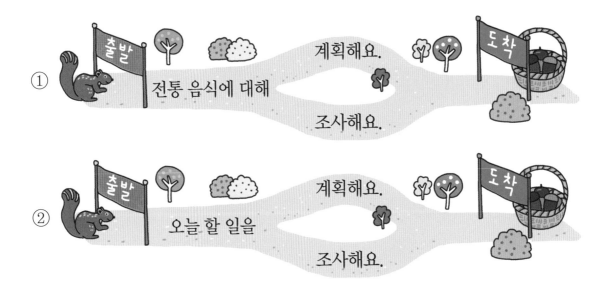

① 전통 음식에 대해 — 계획해요. / 조사해요.

② 오늘 할 일을 — 계획해요. / 조사해요.

3. 파란색으로 표시된 낱말의 의미를 생각하며 따라 써 봅시다.

① 가사를 바꿔 노래를 새로 만들었어.

② 방학은 언제부터 시작해요?

③ 짝과 나는 대화가 잘 통해.

4. 문장에 알맞은 말을 연결하고 따라 써 봅시다.

체험 학습은 (   ) 가요? •   • 만들었다

친구와 (   ) 하는 것은 즐거워. •   • 언제

우리 반 발표회 계획표를 (   ). •   • 대화

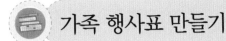 가족 행사표 만들기

〈학습 도구 한국어〉 42~45쪽

 어려운 말 익히기: 알아보았습니다(알아보다), 체험

1. 문장에 알맞은 말을 연결하고 따라 써 봅시다.

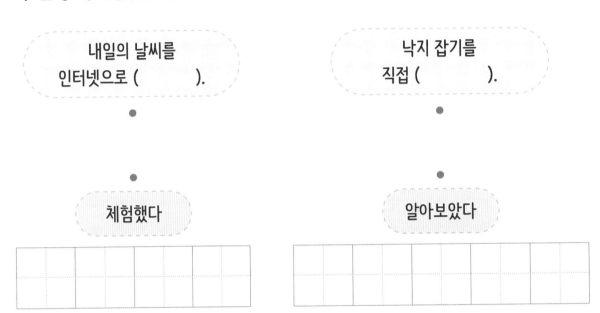

내일의 날씨를
인터넷으로 (   ).

낙지 잡기를
직접 (   ).

체험했다

알아보았다

2. 빈칸에 알맞은 말을 골라 써 봅시다.

체험   알아보았어

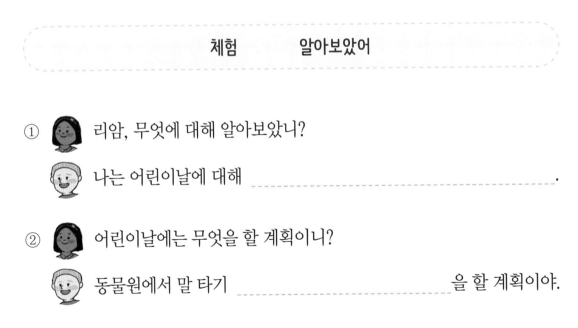

① 리암, 무엇에 대해 알아보았니?

나는 어린이날에 대해 _____.

② 어린이날에는 무엇을 할 계획이니?

동물원에서 말 타기 _____ 을 할 계획이야.

3. 빈칸에 공통으로 들어갈 낱말을 쓰고 읽어 봅시다.

> 한집에 모여 사는 사람들을 (ㄱㅈ)이라고 말해요. 우리 (ㄱㅈ)이 함께하는 특별한 일에는 내 생일, 부모님의 생신, (ㄱㅈ) 여행 등이 있어요.

4. 빈칸에 알맞은 것을 골라 써 봅시다.

가족들　　생일　　3

리암의 생일날 가족사진을 찍었어요. 리암의 가족은 (　　　　　)명 이에요. (　　　　　)이 모여 리암의 (　　　　　)을 축하했어요.

5. 가족 행사표를 보고 물음에 답해 봅시다.

저밍의 가족 행사표	
㉠	5월 8일 어버이날
어디에서	우리 집
무엇을	㉡

1) ㉠에 알맞은 낱말을 써 보세요.

㉠ _____

2) ㉡에 알맞은 문장을 골라 보세요. -------------------------- (   )

① 생일 축하 노래를 부른다.
② 부모님께 감사 편지를 드린다.
③ 한글을 사랑하는 마음을 가진다.
④ 담임 선생님께 감사 편지를 쓴다.

6. 어버이날에 가족들과 하고 싶은 일을 계획표에 써 봅시다.

어디에서	
무엇을	

함께 해 봐요

 표현해 보기

1. '같이 가자' 놀이를 하고 있어요. 대화를 읽고 물음에 답해 봅시다.

리암: 하미야, _____ ㉠ _____ ?

하미: 동물원으로 가.

리암: _____ ㉡ _____ .

하미: 말타기 체험을 하려고 해.

1) ㉠에 알맞은 문장을 골라 보세요. ------------------------- (   )

① 체험 학습은 언제 가니?   ② 체험 학습은 누구와 가니?

③ 체험 학습은 어디로 가니?   ④ 동물원에서 무엇을 할 계획이니?

2) ㉡에 알맞은 문장을 써 보세요.

㉡ _____

2. 체험 학습 계획표를 보고 대화를 완성해 봅시다.

어디에서	무엇을
동물원	먹이 주기 체험하기

하미: 리암, 체험 학습은 어디로 가니?

리암: 동물원으로 가.

하미: 동물원에서 무엇을 할 계획이니?

리암: _____

_____ .

4

더 길어요 더 짧아요

- 어려운 말 익히기
- 부엉이 선생님 또 보기
- 표현해 보기

🔍 대상을 비교하여 말하기　　　〈학습 도구 한국어〉 52~53쪽

 어려운 말 익히기: 가장

1. 그림을 보고 빈칸에 알맞은 낱말을 써 봅시다.

빨간색 연필이 　　　　　 길어요.

노란색 연필이 　　　　　 짧아요.

2. 알맞은 것끼리 연결해 봅시다.

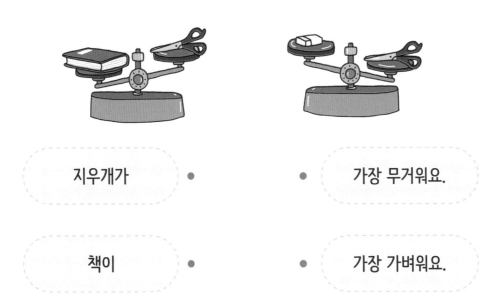

지우개가 　•　　　•　가장 무거워요.

책이 　•　　　•　가장 가벼워요.

3. 그림을 보고 빈칸에 알맞은 말을 찾아 ○표 해 봅시다.

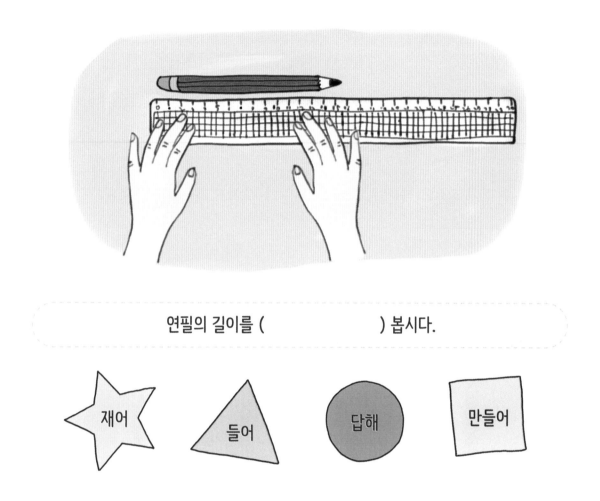

연필의 길이를 (   ) 봅시다.

재어   들어   답해   만들어

4. 파란색으로 표시된 말의 의미를 생각하며 따라 써 봅시다.

	자	로		책	상	의		길	이
를		재	어		보	았	어	요	.

5. 빈칸에 알맞은 낱말을 골라 써 봅시다.

> 보다   비교

무엇이 같고 다른지 살펴보는 것을 (   )라고 해요. 길이나 무게

등을 비교할 수 있어요. 길이를 비교할 때에는 '빨간색 연필이 가장 길어요',

'빨간색 연필이 파란색 연필(   ) 더 길어요'와 같이 말해요.

6. 설명을 읽고 알맞은 그림에 ○표 해 봅시다.

① 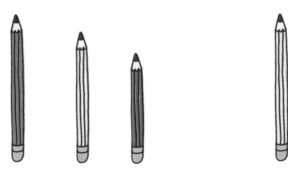 파란색 연필이 빨간색 연필보다 더 길어요. 노란색 연필이 가장 길어요.

② 책이 가위보다 무거워요. 풀이 책보다 가벼워요.

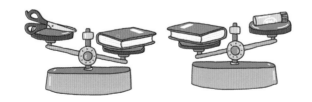  

바르고 고운 말 사용하기

〈학습 도구 한국어〉 54~57쪽

 어려운 말 익히기: 다릅니다(다르다), 같습니다(같다)

1. 알맞은 것끼리 연결해 봅시다.

 •　　　• 사탕의 색깔이 같아요.

 •　　　• 사탕의 크기가 달라요.

　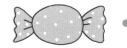 •　　　• 사탕의 무늬가 달라요.

2. 빨간색으로 표시된 말의 의미를 생각하며 따라 써 봅시다.

①

나	와		짝	은		좋	아	하
는		과	목	이		달	라	요	.

②

나	와		짝	은		좋	아	하
는		음	식	이		같	아	요	.

3. 문장에 알맞은 말을 연결하고 따라 써 봅시다.

선생님께 칭찬을 받아
(   )이 좋다.

기분

잃어버린 필통을
(   ).

찾았다

4. 빈칸에 공통으로 들어갈 말을 골라 써 봅시다.

반대   따라 써

① 리암은 친구의 말과 (㉠   )로 하고 싶어졌다.
저밍이 갑자기 (㉠   ) 방향으로 뛰어갔다.

㉠ (   )

② 글자 위에 (㉡   ) 봅시다.
예쁜 글씨로 (㉡   ) 봅시다.

㉡ (   )

어려운 말 익히기: 쌓기 나무

1. 그림을 보고 빈칸에 알맞은 낱말을 써 봅시다.

를 쌓아 탑을 만들었어요.

 표현해 보기

2. '비교하기' 놀이를 하고 있어요. 대화를 완성해 봅시다.

선생님: 가장 긴 것을 찾으세요.

리암: 지민이의 자가 내 지우개보다 더 길어.

하미: 지민이의 자가 내 연필보다 더 길어.

리암: 자와 지우개, 연필 중에서 _____.

 _____

답을 구해요

- 어려운 말 익히기
- 부엉이 선생님 또 보기
- 표현해 보기

 수학 문제 해결하기 〈학습 도구 한국어〉 64~65쪽

 어려운 말 익히기: 풀고(풀다), 구하려는(구하다), 해결

1. 빨간색으로 표시된 말의 의미를 생각하며 따라 써 봅시다.

① 이렇게 답을 구했어.

② 여러 가지 방법으로 문제를 해결했다.

2. 문장에 알맞은 말을 연결하고 빈칸에 써 봅시다.

리암이 수학 문제를
( ) 있습니다. • • 해결

자기의 문제는 스스로
( )해야 합니다. • • 구하는

이 식의 답을 ( )
방법을 설명해 줄래? • • 풀고

3. 보기 와 같이 문장을 만들어 봅시다.

보기

문제 + 풀다

→ | 문 | 제 | 를 | | 풀 | 었 | 다 | . |

① 암호 + 풀다

② 수수께끼 + 풀다

어려운 말 익히기: 계산, 표현

4. 문장을 듣고 써 봅시다.

5. 빈칸에 알맞은 낱말을 써 봅시다.

① 음악을 듣고 느낌을 동작으로 (   )해 보자.

② 아까 수학 문제를 풀 때 (   ) 실수를 했어.

문제점을 찾아 해결하기

〈학습 도구 한국어〉 66~69쪽

 어려운 말 익히기: 문제점, 찾아(찾다)

1. 의미에 알맞은 낱말과 문장을 연결해 봅시다.

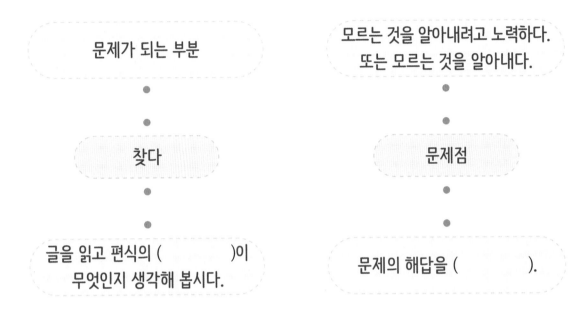

문제가 되는 부분

모르는 것을 알아내려고 노력하다.
또는 모르는 것을 알아내다.

찾다

문제점

글을 읽고 편식의 (   )이
무엇인지 생각해 봅시다.

문제의 해답을 (   ).

2. 그림을 보고 빈칸에 알맞은 말을 써 봅시다.

 이 그림의 (   )이 무엇일까?

 무엇이 문제인지 같이 (   )볼까?

3. 파란색으로 표시된 낱말의 의미를 생각하며 따라 써 봅시다.

① 내가 화가 난 이유는 동생이 내 책에 낙서했기 때문이야.

② 수업 시간에 배운 내용을 공책에 정리했어요.

4. 낱말을 알맞은 문장과 연결하고 빈칸에 써 봅시다.

이유

정리

- 방학 동안 할 일을 　　 해 보았어요.

- 지구가 아픈 　　 는 무엇이에요?

- 토끼는 왜 거짓말을 했을까요? 그 　　 를 찾아봅시다.

- 문제 해결 방법을 　　 하여 발표해 보세요.

5. 부엉이 선생님 내용을 읽고 물음에 답해 봅시다.

생각 그물

　생각 그물은 주제에 관련된 여러 가지 생각을 떠올리는 방법이에요. 문제의 해결 방법을 찾거나 상상을 할 때 쓸 수 있어요.

1) 생각 그물이란 무엇이에요? 써 보세요.

----

2) 생각 그물을 사용할 수 있는 상황을 고르세요. -------------- (　　　　　)

　① 수학 문제 풀기　　　　　　② 물건의 크기 비교하기

　③ 우리 반 발표회 순서 정하기　④ 환경 오염 문제 해결 방법 찾기

6. 우리가 지켜야 할 규칙에는 어떤 것이 있는지 자유롭게 생각 그물로 나타내 봅시다.

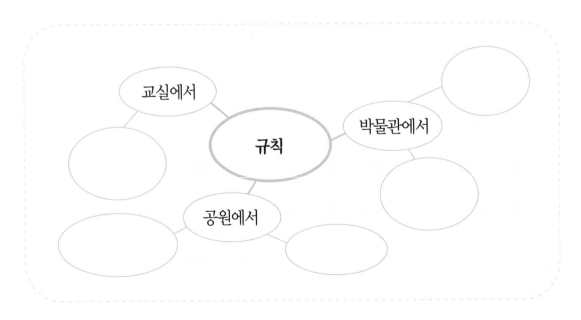

함께 해 봐요

표현해 보기

1. '문제 해결 방법 찾기' 말판 놀이 방법이에요. 읽고 물음에 답해 봅시다.

> ### '문제 해결 방법 찾기' 말판 놀이 방법
>
> 1. 모둠 친구들이 순서를 정한다.
> 2. 말을 하나씩 고른 후, 순서대로 주사위를 던진다.
> 3. 주사위에 나온 숫자만큼 말판 위의 말을 움직인다.
> 4. 문제에 어울리는 해결 방법이 나오면 문장을 만들어 말한다. 그리고 그 위에 주어진 모양 스티커를 붙여 표시한다.
> 5. 문제와 어울리지 않는 그림이 나오면 어떤 내용인지 말하고 스티커는 붙이지 않는다.
> 6. 해결 방법 4개에 모두 스티커를 붙이면 놀이에서 승리한다.

1) 말판 놀이를 할 때 말은 어떻게 움직여요?

_____

2) 문제와 어울리지 않는 그림이 나오면 어떻게 해야 해요?

_____

2. 보기 와 같이 문장을 만들어 써 봅시다.

보기

환경 오염 문제를 해결하려면 대중교통을 자주 이용해야 해.

6

수행 평가는 이렇게

- 어려운 말 익히기
- 부엉이 선생님 또 보기
- 표현해 보기

 친구의 발표를 듣고 칭찬하기

〈학습 도구 한국어〉 76~77쪽

어려운 말 익히기: **적당해서(적당하다)**

1. 밑줄 친 낱말과 의미가 비슷한 낱말로 바꿔 써 봅시다.

국어 수행 평가: 나의 꿈 발표하기

리암이 듣는 사람을 바라보며 말하는 점이 좋았어.

리암의 목소리 크기가 <u>알맞아서</u> 잘 들렸어.

리암의 목소리 크기가 | 적 | 당 | 해 | 서 | 잘 들렸어.

2. 빈칸에 알맞은 말을 골라 써 봅시다.

적당한지   적당하다   적당해서

① 이 가방은 크기가 (   ) 실내화를 넣기 좋겠어.

② 수영장의 물이 깊지 않아 아이들이 놀기에 (   ).

③ 발표할 때는 목소리의 크기가 (   ) 생각해야 해.

3. 파란색으로 표시된 낱말의 의미를 생각하며 따라 써 봅시다.

	친	구	의		발	표	를		듣
고		잘	한		점	을		칭	찬
해		봅	시	다	.				

4. 문장에 들어갈 알맞은 낱말을 연결하고 따라 써 봅시다.

다니엘은 작은 일에도 늘 최선을
다해서 선생님께 (   )을 받아요.　●

●　칭찬

주말에 있었던 일을 친구들 앞에서
　　(   )해 보았어요.　●

●　발표

부엉이 선생님 또 보기: **수행 평가**

5. 내가 해 본 적이 있는 수행 평가에 ○표 해 봅시다.

시험지 풀기　　　　　그림 그리기　　　　　만들기

스스로 평가하기　　　　노래 부르기　　　　그림일기 쓰기

친구의 작품에 스티커 붙이기　　　발표하기

수행 평가 과정 익히기

〈학습 도구 한국어〉 78~81쪽

 어려운 말 익히기: 과정, 방법, 고르세요(고르다), 다시

1. 그림을 보고 빈칸의 말을 따라 써 봅시다.

① 웃는 얼굴을

고	르	세	요.

② 수행 평가 안내 → 수행 평가 준비 → 수행 평가

수행 평가를 보기까지 다음과 같은

과	정

을 거친다.

2. 밑줄 친 부분의 의미를 생각하며 빈칸에 알맞은 낱말을 골라 써 봅시다.

방법   다시

 선생님, 토끼가 어떻게 바다에 들어가게 된 건지 잘 모르겠어요.

 책의 앞부분을 (   ) 읽어 보렴.

 책을 한 번 더 읽어 보면 알 수 있을까요?

 시계를 보고 시각 읽는 (   )을 잘 모르겠어. 가르쳐 줄래?

 어떻게 시각을 읽는지 가르쳐 달라는 거지?
잘 봐, 우선 '시'를 나타내는 긴바늘과 '분'을
나타내는 짧은바늘을 찾아야 해.

3. 빨간색으로 표시된 말의 의미를 생각하며 따라 써 봅시다.

① 색종이로 바지 접는 방법을 알려 줄게.

② 우리가 우유를 마시기까지 여러 과정을 거쳐요.

③ 좋아하는 색을 골라서 색칠하세요.

④ 우리 힘들어도 다시 한번 해 보자.

① 　　

② 　　

③ 　　

④

4. 낱말을 따라 써 봅시다.

9/7(목) 수학 5단원 수행 평가

오늘은 수학 수행 평가를 보겠어요. 5 단 원 , 시계 보고 시각 읽기 평가입니다. 시험지를 받으면 가장 먼저 자기의 이름과 번 호 를 꼭 쓰세요.

5. 빈칸에 알맞은 낱말을 써 봅시다.

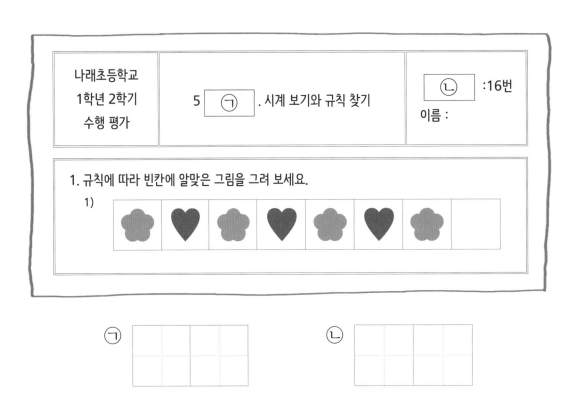

ㄱ

ㄴ

표현해 보기

1. 요우타와 하미가 서로의 시험지를 확인하고 있어요. 물음에 답해 봅시다.

> 요우타: 하미야, 여기 번호를 안 썼어.
>
> 하미: 깜빡했어. 지금 얼른 써야겠다. 요우타 너는 번호와 이름을 잊지 않고
> 잘 썼네. 잘했어.
>
> 요우타: 고마워. 너는 글씨를 예쁘게 잘 쓴 것 같아.
>
> 하미: 그런데 여기 안 푼 문제가 있어. 문제는 빠짐없이 모두 풀어야 해.

1) 하미는 요우타의 시험지를 보고 어떤 점을 칭찬했는지 써 보세요.

_____

2) 요우타는 하미의 시험지를 보고 어떤 점을 칭찬했는지 써 보세요.

_____

3) 요우타가 잘못한 것은 무엇인지 써 보세요.

_____

2. 시험지를 순서대로 모을 때는 어떻게 해야 할까요? 빈칸에 알맞은
말을 골라 써 봅시다.

위 번호 뒤에

시험지는 제일 (   ) 앉아 있는 사람이 모아서

가져와요. 이름과 (   )가 쓰여 있는 첫 번째 장이

(   )로 올라오도록 해서 순서대로 가져와요.

7 책 속으로 풍덩

● 어려운 말 익히기
● 표현해 보기

🔍 주인공이 되어 말하기 〈학습 도구 한국어〉 88~89쪽

 어려운 말 익히기: 기분, 실감 나게(실감 나다)

1. 빨간색으로 표시된 말의 의미를 생각하며 따라 써 봅시다.

①

선	생	님	께		칭	찬	을	
받	으	면		기	분	이		좋	고 ,
혼	이		나	면		속	상	한
기	분	이		들	어	요	.	

②

하	미	가		사	과	를		정
말		실	감		나	게		그	려
서		진	짜		사	과	인		줄
알	았	어	요	.				

2. 보기 와 같이 문장을 만들어 봅시다.

보기

기분 + 좋다

⟶ 기분이 좋다.

① 기분 + 나쁘다

→

② 기분 + 이상하다

→

보기

섭섭하다 + 기분 + 들다

⟶ 섭섭한 기분이 들었다.

③ 속상하다 + 기분 + 들다

→

④ 이상하다 + 기분 + 들다

→

3. 빈칸에 알맞은 말을 골라 써 봅시다.

실감 나는   실감 나게

① 박물관에는 (   ) 전시품들이 많이 있어요.

② 여우와 황새의 대화를 (   ) 읽어 봅시다.

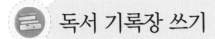
 어려운 말 익히기: 등장, 상상

1. 의미에 알맞은 낱말을 골라 써 봅시다.

등장   상상

① 실제로 없는 것이나 경험하지 않은 것을 머릿속으로 그려 봄.

② 소설, 연극, 영화 등에 어떤 인물이 나타남.

2. 빨간색으로 표시된 낱말의 의미를 생각하며 따라 써 봅시다.

① 이 책에는 토끼와 거북이가 등장합니다.

② 이어질 내용을 상상하며 책을 읽어 보세요.

3. 의미에 알맞은 말을 연결하고 따라 써 봅시다.

완전하게 다 이룸. •   • 바꾸다

원래 있던 내용이나
상태를 다르게 고치다. •   • 그림

선이나 색으로 사물의
모양 등을 나타낸 것 •   • 완성

4. 빈칸에 알맞은 말을 찾아 써 봅시다.

완성   그림   바꾸어   활동

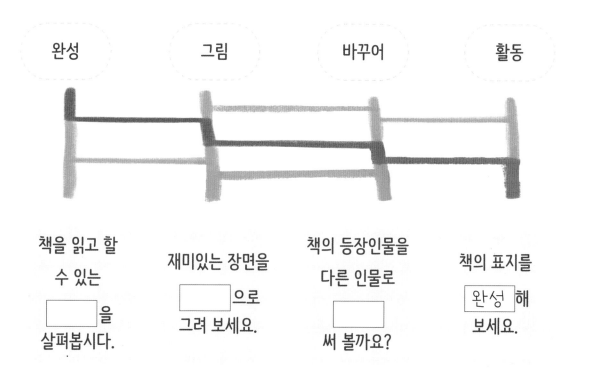

책을 읽고 할
수 있는
□을
살펴봅시다.

재미있는 장면을
□으로
그려 보세요.

책의 등장인물을
다른 인물로
□
써 볼까요?

책의 표지를
완성 해
보세요.

5. 《팥죽 할머니와 호랑이》를 읽고 독서 기록장을 써 봅시다. (2개 중 선택)

1) 나라면 어떤 기분이 들었을까요? 할머니나 호랑이가 되어 써 보세요.

2) 기억에 남는 장면을 그리고 간단히 설명해 보세요.

[나의 그림]

[나의 설명]

함께 해 봐요

 표현해 보기

1. 모둠 친구들이 《팥죽 할머니와 호랑이》의 등장인물을 바꾸어 보고 있어요. 대화를 읽고 물음에 답해 봅시다.

> 지민: 《팥죽 할머니와 호랑이》의 등장인물을 교실에 있는 물건들로 바꾸어 보자.
>
> 리암: 좋은 생각이야. 음…… 송곳 대신에 연필로 바꾸어 보자. 연필이 책상 위에 서 있다가 호랑이가 넘어질 때 쿡 찌르는 거야.
>
> 아이다: 나는 새롭게 줄넘기를 넣어 볼래. 교실 문 앞에 있다가 호랑이의 발이 걸리게 해서 넘어뜨리는 거야.

1) 책 속의 등장인물을 어떤 물건들로 바꾸고 있는지 고르세요.--------- (   )

    ① 집에 있는 물건   ② 마트에 있는 물건

    ③ 교실에 있는 물건   ④ 운동장에 있는 물건

2) 리암과 아이다는 어떤 등장인물을 만들었는지 써 보세요.

       리암: (   )   아이다: (   )

2. 요우타도 《팥죽 할머니와 호랑이》의 등장인물을 바꾸어 쓰고 있어요. 빈칸에 알맞은 말을 자유롭게 써 봅시다.

> 책에서는 호랑이가 물찌똥에 쭉 미끄러지는데, 물찌똥 대신 _____
>
> _____ .

나누어 보고 묶어 보고

같은 모양끼리 묶기

〈학습 도구 한국어〉 100~101쪽

 어려운 말 익히기: 묶어(묶다), 나누었어요(나누다)

1. 의미에 알맞은 그림과 낱말을 연결하고 따라 써 봅시다.

여럿을 한곳으로
모으거나 합하다.

여러 가지가 섞인 것을
종류에 따라 구분하다.

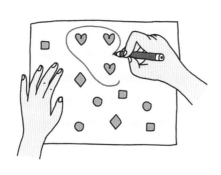

나누다

묶다

2. 빈칸에 알맞은 말을 골라 써 봅시다.

> 묶어   나누었어요   묶을   나누어

① 물건을 동그라미 모양과 세모 모양으로 (   ) 볼까요?

② 하늘에 사는 동물끼리 (   ) 보세요.

③ 축구공은 구슬과 같이 (   ) 수 있어요.

④ 무엇에 따라 물건을 (   )?

 어려운 말 익히기: 사물, 모양

3. 밑줄 친 낱말을 따라 써 봅시다.

책은 네모 모양이에요. 옷걸이는 세모 모양이에요.

여러 가지 사물을 살펴보고 색연필로 그려 보세요.

4. 낱말을 알맞은 문장과 연결하고 빈칸에 써 봅시다.

모양 •

사물 •

• 오늘 하미가 입은 티셔츠에 하트 ☐☐ 이 그려져 있어요.

• 우리 주위의 ☐☐ 을 둘러보세요.

• 촘푸가 네모 ☐☐ 안경을 쓰고 왔어요.

• 여러 가지 ☐☐ 을 같은 모양끼리 묶어 봅시다.

표현해 보기

5. 그림을 보고 보기 와 같이 문장을 만들어 봅시다.

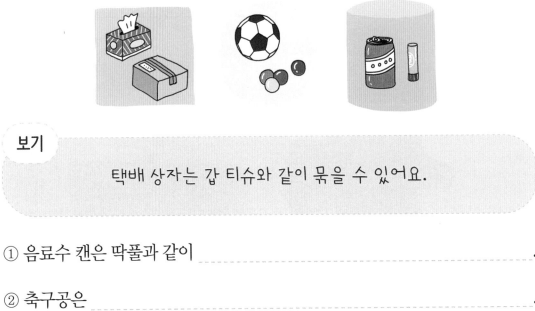

보기

택배 상자는 갑 티슈와 같이 묶을 수 있어요.

① 음료수 캔은 딱풀과 같이 _____ .

② 축구공은 _____ .

동물을 여러 가지 방법으로 분류하기

 어려운 말 익히기: 분류

1. 빨간색으로 표시된 낱말의 의미를 생각하며 따라 써 봅시다.

	여	럿	을		종	류	에		따
라		나	누	는		것	을		분
류	라	고		해	요	.			

2. 보기 와 같이 문장을 만들어 봅시다.

보기

동물 + 다리의 개수 + 분류하다
→ 동물을 다리의 개수에 따라 분류해요.

① 과일 + 색깔 + 분류하다

→ --

② 동물 + 사는 곳 + 분류하다

→ --

③ 사물 + 모양 + 분류하다

→ --

3. 대화를 읽고 물음에 답해 봅시다.

저밍: 리암, 동물 (   )하는 숙제 다 했어?

리암: 응, 나는 사는 곳에 따라 땅에 사는 동물과 물에 사는 동물로 (   )했어.

저밍: 그렇구나. 땅에 사는 동물은 사자와 호랑이가 있지.

리암: 맞아. 타조와 닭도 땅에 사는 동물이야. 물에 사는 동물에는 오징어, 상어, 금붕어 등이 있어.

1) 빈칸에 공통으로 들어갈 낱말을 써 보세요.

2) 리암은 동물을 무엇에 따라 나누었는지 써 보세요.

_____

3) 땅에 사는 동물에는 무엇이 있는지 써 보세요.

_____

4. 리암이 분류한 내용을 그림에 써 봅시다.

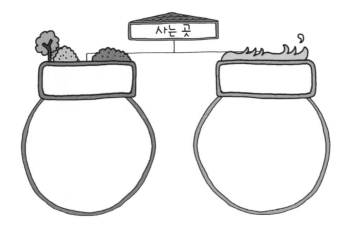

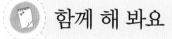
 표현해 보기

1. 빈칸에 알맞은 말을 〈학습 도구 한국어〉 107쪽에서 찾아 써 봅시다.

'모양 찾기' 카드놀이 방법

1. 모둠 친구들이 모두 다른 모양 카드(○□△☆)를 1장씩 갖는다. (4명 기준)
2. 나머지 카드를 보이지 않게 뒤집어서 펼쳐 놓는다.
3. 가위바위보를 해서 이긴 사람부터 한 사람씩 카드를 골라 뒤집어 본다.
4. 고른 카드가 자신이 갖고 있는 카드의 모양과 같으면 그 위에 쌓으며 말한다.
   (예: "별 모양은 별 모양끼리 모아요.")
5. 고른 카드가 자신이 갖고 있는 카드의 모양과 다르면 카드가 있던 자리에 뒤집어
   놓으며 말한다. (예: "세모 모양은 동그라미 모양과 같이 묶을 수 없어요.")
6. 4장의 모양 카드를 모두 모아 "   "이라고 말한 사람이 승리한다.

2. 놀이 방법을 다시 한번 읽고 물음에 답해 봅시다.

1) 아비가일은 ⬤ 카드를 가지고 있어요. 차례가 되어 카드를 뽑았는데

☆ 카드예요. 아비가일이 할 말을 써 보세요.

2) 하미는 ■ 카드를 가지고 있어요. 차례가 되어 카드를 뽑았는데

■ 카드예요. 하미가 할 말을 써 보세요.

9

하나하나 설명해요

- 어려운 말 익히기
- 부엉이 선생님 또 보기
- 표현해 보기

순서대로 관찰하고 말하기

〈학습 도구 한국어〉 112~113쪽

 어려운 말 익히기: 순서, 꾸미기(꾸미다)

1. 낱말을 듣고 쓰세요. 그리고 알맞은 문장과 연결해 봅시다.

여러 가지 재료로
페트병 (   )를 해요.

그림을 (   )대로 살펴봅시다.

2. 빈칸에 들어갈 알맞은 말을 골라 써 봅시다.

 순서   꾸미기   꾸며요

① 그림으로 교실을 예쁘게 [   ].

② 체육 시간에는 키 [   ]대로 한 줄로 서요.

③ 색연필과 사인펜으로 상자 [   ]를 해 보세요.

3. 다음 문장을 따라 써 봅시다.

관찰은 물건이나 어떤 일을 자세히 살펴보는 거예요.

4. 그림과 알맞은 설명을 연결하고 '곡식 악기 만들기' 순서에 맞게 번호를 써 봅시다.

①   페트병 뚜껑 닫기

②    곡식을 페트병에 넣기

③   여러 가지 재료로 페트병 꾸미기

④   페트병, 여러 가지 곡식,
                                                              꾸미기 재료 준비하기

곡식 악기 만들기 순서: (   ) → (   ) → (   ) → (   )

어려운 말 익히기: 설명

1. 그림을 보고 빈칸에 공통으로 들어갈 낱말을 써 봅시다.

선생님께서 문제 해결 방법을

자세히 (ㅅ ㅁ)하셨다.

친구에게 책의 내용을

(ㅅ ㅁ)해 주었어요.

2. 빨간색으로 표시된 낱말의 의미를 생각하며 따라 써 봅시다.

눈 모양을 그림으로 그리고 설명해 봅시다.

3. 빈칸에 공통으로 들어갈 낱말을 쓰고 읽어 봅시다.

> 올챙이는 꼬리는 있지만 다리는 없습니다. 그렇지만 올챙이가 개구리로 되는 (ㄱㅈ)에서 다리가 생기고 꼬리가 없어집니다. (ㄱㅈ)은 어떤 일이나 변화가 되어 가는 모습이나 단계를 말합니다.

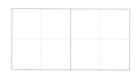

4. 보기 와 같이 문장을 만들어 봅시다.

보기

> **올챙이가 개구리로 되다 + 는 + 과정을 관찰할 거예요.**
> → 올챙이가 개구리로 <u>되는</u> 과정을 관찰할 거예요.

 선생님, 오늘 배울 내용은 뭐예요?

 손을 씻다 + 는 + 과정을 자세히 배울 거예요.

→ _____

 와, 어떻게 과자를 만들었어?

 엄마가 과자를 굽다 + 는 + 과정을 잘 설명해 주셨어.

→ _____

5. 그림을 보고 물음에 답해 봅시다.

① 무엇을 봤어요?

→ (   )을 봤어요.

② 무엇으로 봤어요?

→ (   )로 봤어요.

③ 어떤 모양이 있어요?

→ (   ) 모양도 있고

(   ) 모양도 있어요.

6. 그림을 보고 물음에 답해 봅시다.

① 무엇을 먹었어요?

→ (   )를 먹었어요.

② 무엇으로 먹었어요?

→ (   )으로 먹었어요.

③ 어떤 모양이 있어요?

→ (   ) 모양도 있고

(   ) 모양도 있어요.

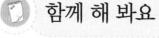
함께 해 봐요

〈학습 도구 한국어〉 118~119쪽

표현해 보기

1. 설명에 맞는 그림을 골라 빈칸에 써 봅시다.

먼저, 종이를 반으로 접어. (   )

그리고 그 종이를 한 번 더 반으로 접어. (   )

이번에는 반으로 접었던 종이를 다시 펴. (   )

㉠

㉡

㉢

2. 〈학습 도구 한국어〉 118쪽의 '개구리 접기' ③과 ④의 과정을 자세히 나타냈어요. 그림을 알맞은 설명과 연결해 봅시다.

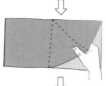

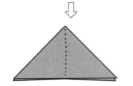

꾹 눌러서 삼각형 만들기

오른쪽 종이를 한 장만 들기

뒤집어서 한 번 더 삼각형 만들기

반으로 접었던 종이를 다시 펴기

10 다음에는 무슨 일이

- 어려운 말 익히기
- 표현해 보기

일의 차례 생각하기

〈학습 도구 한국어〉 124~125쪽

 어려운 말 익히기: 차례, 바르게(바르다)

1. 그림을 보고 빈칸에 알맞은 말을 골라 써 봅시다.

바른 　　 차례 　　 바르게

① 줄을 [　　　　] 서요.

[　　] 대로 버스를 타요.

② [　　] 자세로 앉아서 책을 읽어요.

2. 빨간색으로 표시된 말의 의미를 생각하며 따라 써 봅시다.

줄을 바르게 서서 차례대로 버스를 타요.

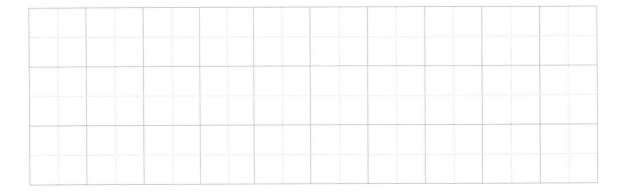

3. 빈칸에 알맞은 말을 골라 써 봅시다.

바른
차례
바르게

위에서 아래로 ☐☐☐☐ 그어 봐.

난 글씨를 잘 쓰는 게 좀 어려워.

계속 연습해야 ☐☐ 글씨를 쓸 수 있어.

그림 '가'부터 ☐☐ 대로 다시 써 볼게.

표현해 보기

4. 그림을 보고 빈칸에 알맞은 낱말을 써 봅시다.

손 적시기 ⇨ 비누로 씻기 ⇨ 물로 씻기 ⇨ 손 말리기

무엇을 나타내는 그림이에요?

손을 씻는 ①(ㅊㄹ)예요.

손을 바르게 씻으려면 어떻게 씻어야 해요?

먼저 손을 적시고 ②(ㅂㄴ)로 씻어야 해요.
그리고 손을 물로 씻고 잘 말려요.

① ☐☐

② ☐☐

5. 빈칸에 알맞은 말을 골라 써 봅시다.

나타내는
나타내는지

① 그림이 무엇을 [　　　　　　]

　　말해 보세요.

② 저는 미래의 모습을 [　　　　]

　　그림을 그렸어요.

6. 그림을 보고 대화를 완성해 봅시다.

①

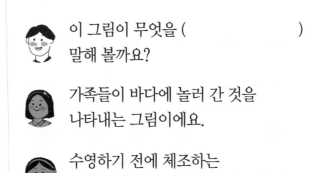

이 그림이 무엇을 (　　　　　　)
말해 볼까요?

가족들이 바다에 놀러 간 것을
나타내는 그림이에요.

수영하기 전에 체조하는
모습을 (　　　　　　) 그림이에요.

②

＿＿＿＿＿＿＿＿＿＿＿＿＿＿＿＿＿＿

＿＿＿＿＿＿＿＿＿＿＿＿＿＿＿＿ ?

바다에서 물놀이하는 모습을

＿＿＿＿＿＿＿＿＿＿＿＿＿＿＿＿ .

숨은 내용 찾아보기

 어려운 말 익히기: 부분

1. 빈칸에 공통으로 들어갈 낱말을 써 봅시다.

오늘 리암은 피자를 먹었어요. 피자의 한쪽 (ㅂ ㅂ)에는 고기가 많았어요. 다른 (ㅂ ㅂ)에는 새우와 채소가 많았어요. 리암은 이 피자를 아주 좋아해요.

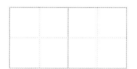

2. 파란색으로 표시된 낱말의 의미를 생각하며 따라 써 봅시다.

① 찢어진 부분의 그림에는 어떤 내용이 있었을까요?

② 오늘 배운 부분이 재미있었어요.

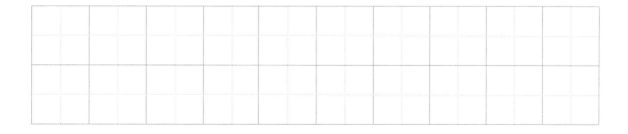

3. 그림을 보고 알맞은 말을 골라 써 봅시다.

누구세요? 나를 아세요?
이제 나도 다시 젊어질 수 있겠지?

샘물을 너무 많이 마셨나 봐요.
샘물을 마셨더니 젊은 여자가 되었어요.

함께 해 봐요

표현해 보기

1. '열 고개' 놀이를 하고 있어요. 질문을 자유롭게 써 봅시다.

이것은 음식입니다.

리암: 매워요?

지민: 과일이에요?

요우타: _____?

하미: _____?

저밍: _____?

2. 대화를 읽고 알맞은 것을 골라 봅시다. ---------------- (   )

이것은 교실에 있는 물건입니다.

아비가일: 청소할 때 써요?   선생님: 아니요.
성우: 책상 위에 있어요?   선생님: 네.
아이다: 네모예요?   선생님: 네.
리암: 읽는 거예요?   선생님: 아니요.
촘푸: 쓰는 거예요?   선생님: 아니요.
빈센트: 필통이에요?   선생님: 아니요.
자르갈: 글씨를 지우는 거예요?   선생님: 네.

①

②

③

④

11 알고 싶어요

- 어려운 말 익히기
- 부엉이 선생님 또 보기
- 표현해 보기

🔍 조사하는 활동 살펴보기

〈학습 도구 한국어〉 136~137쪽

 어려운 말 익히기: 다양한(다양하다)

1. 그림을 보고 빈칸에 알맞은 말을 골라 써 봅시다.

> 다양한   다양하다

①

책장에 있는 책들이 (   ).

②

추석에 대해
(   ) 방법으로
조사했어요.

2. 빨간색으로 표시된 말의 의미를 생각하며 따라 써 봅시다.

> 명절에 대해 **다양한** 방법으로 조사했다.

> 어려운 말 익히기: 방법

3. 그림을 보고 빈칸에 알맞은 낱말을 써 봅시다.

교실을 깨끗하게 만드는 좋은

         이 떠올랐다.

4. 대화를 완성해 봅시다.

① 수학 문제를 못 풀겠어.

내가 수학 문제를 푸는   을 가르쳐 줄게.

고마워.

② 추석에 대해 어떻게 조사할 수 있을까?

조사   에는 책이나 인터넷 찾아보기가 있어.

5. 글을 읽고 물음에 답해 봅시다.

조사는 내가 알고 싶은 것에 대해 자세히 알아보는 거예요. 조사할 때는 책을 찾아보기도 하고, _____.

1) 책에서 무엇을 찾아볼 수 있어요? 두 가지 고르세요.--------- (,   )

① 내 이름   ② 내가 태어난 날
③ 추석에 하는 일   ④ 추석에 먹는 음식

2) 그림을 보고 밑줄에 알맞은 조사 방법을 써 보세요.

추석에는 농사가 잘된 것을 감사하며 차례를 지낸단다.

할머니 추석에는 무엇을 하나요?

_____

_____

이야기 속 인물 소개하기

 어려운 말 익히기: 인물, 소개

1. 문장에 알맞은 낱말을 연결하고 따라 써 봅시다.

친구들이 우리 마을
(   )를 해 주었다. •

• 인물

옛날이야기에는 어떤
(   )이 있을까? •

• 소개

2. 대화를 완성해 봅시다.

① 이야기에 나오는 [ ] 은 누구니?

이야기에 원님과 콩이가 나와.

② 내가 읽은 이야기에는 선녀가 나와.

선녀에 대해 [ ] 해 줘.

선녀는 콩이를 도와줘.

3. 그림을 보고 빈칸에 알맞은 말을 골라 써 봅시다.

완성한   완성했어요

친구들과 함께 작품을 (   ).

(   ) 작품을 칠판에 붙였어요.

4. 파란색으로 표시된 낱말의 의미를 생각하며 따라 써 봅시다.

①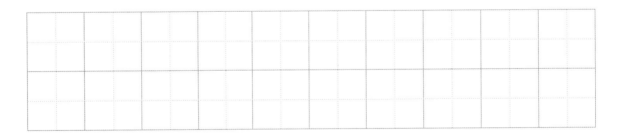

②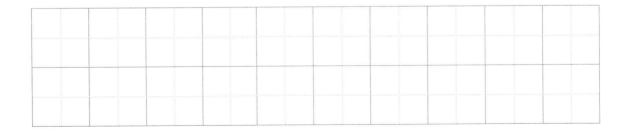

표현해 보기

1. 빈칸에 알맞은 낱말을 골라 써 봅시다.

이름   생일   음식   일

요우타: 저밍, (   )이 언제니?

저밍: 내 생일은 5월 19일이야. 너는?

요우타: 내 생일은 4월 2일이야. 좋아하는 (   )이 뭐야?

저밍: 불고기를 좋아해. 너는?

요우타: 나는 떡볶이를 좋아해.

2. 알맞은 것끼리 연결해 봅시다.

이름이 뭐야?	• •	7월 8일이야.
생일이 언제니?	• •	나는 비빔밥을 좋아해.
좋아하는 음식이 뭐야?	• •	나는 하미야.
나중에 커서 어떤 일을 하고 싶니?	• •	나는 커서 의사 선생님이 될 거야.

12

어떤 점이 다를까요

- 어려운 말 익히기
- 부엉이 선생님 또 보기
- 표현해 보기

수의 크기 비교하기

〈학습 도구 한국어〉 148~149쪽

 어려운 말 익히기: 사용, 세어(세다)

1. 그림을 보고 빈칸에 알맞은 말을 골라 써 봅시다.

> 사용   세어

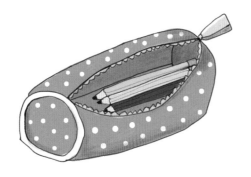

필통에 든 연필의 개수를

(   ) 보니 3자루였다.

2. 빈칸에 공통으로 들어갈 낱말을 쓰고 읽어 봅시다.

> 자를 (   )해 길이를 쟀다.
> 휴대 전화의 (   ) 방법을 배웠다.

3. 그림을 보고 빈칸에 알맞은 낱말을 써 봅시다.

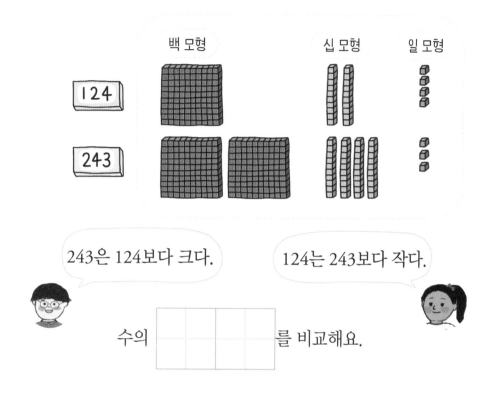

243은 124보다 크다.

124는 243보다 작다.

수의 ☐☐ 를 비교해요.

4. 그림을 보고 알맞은 것끼리 연결해 봅시다.

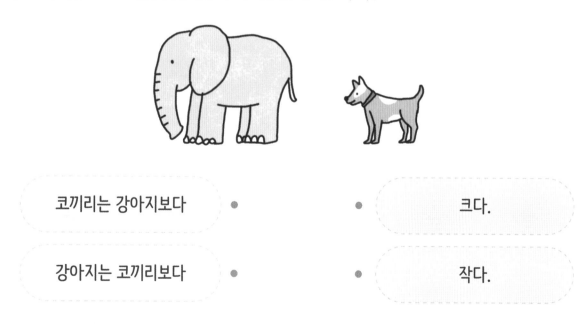

코끼리는 강아지보다 ●   ● 크다.

강아지는 코끼리보다 ●   ● 작다.

여러 가지 모습 비교하기

〈학습 도구 한국어〉 150~153쪽

 어려운 말 익히기: 공통적, 차이

1. 그림을 보고 빈칸에 알맞은 낱말을 골라 써 봅시다.

> 공통적　　차이

 두 그림에 (　　　　　　)으로 있는 것은 뭘까?

 두 그림에 모두 나무가 있어.

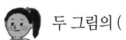 두 그림의 (　　　　　　)는 뭘까?

 겨울 그림에는 눈이 있는데 봄 그림에는 눈이 없어.

2. 알맞은 것끼리 연결해 봅시다.

| 수박과 귤의 차이는 뭘까? | • | • | 수박과 귤은 모두
둥근 모양이에요. |
| 수박과 귤은
무엇이 공통적일까? | • | • | 수박은 초록색이고
귤은 노란색이에요. |

3. 파란색으로 표시된 낱말의 의미를 생각하며 따라 써 봅시다.

① 병에 담긴 물이 모두 쏟아졌다.

② 이 동화책은 어린이를 대상으로 쓴 이야기입니다.

4. 빈칸에 알맞은 낱말을 골라 써 봅시다.

공통적
모두
차이

사자와 사슴은 (   ) 동물이에요. 사자와 사슴은 (   )으로

다리가 4개 있어요. 두 동물의 (   )는 무엇일까요? 사자는 뿔이 없고,

사슴은 뿔이 있어요.

5. 다음 문장을 따라 써 봅시다.

비교란 여러 대상을 살펴보고 공통점이나 차이점을 찾는 것을 말해요.

----

6. 보기 의 낱말을 사용하여 두 대상을 비교하는 문장을 만들어 봅시다.

보기

| 모두 | 크기 | 작다 | 크다 | 다르다 | 색깔 |

함께 해 봐요

〈학습 도구 한국어〉 154~155쪽

 표현해 보기

1. '물건 찾기' 놀이를 하고 있어요. 대화를 읽고 물음에 답해 봅시다.

> 선생님: 모양이 같은 물건으로 무엇을 찾았는지 말해 보세요.
>
> 요우타: 책과 (㉠)을/를 찾았어요. 모두 네모 모양이에요.
>
> 지민: 축구공과 구슬을 찾았어요. 모두 _____㉡_____ .

1) ㉠에 알맞은 물건을 모두 골라 보세요.-------------------- (,)

① 컵   ② 가위

③ 공책   ④ 텔레비전

2) ㉡에 알맞은 문장을 써 보세요.

지민: 축구공과 구슬을 찾았어요. 모두 _____ .

2. 시계와 모양이 같은 물건을 찾아 그리고 비교하는 문장을 써 봅시다.

13 특징이 있어요

• 어려운 말 익히기
• 부엉이 선생님 또 보기
• 표현해 보기

 부분으로 나누어 설명하기 〈학습 도구 한국어〉 160~161쪽

어려운 말 익히기: 알려 주고(알려 주다)

1. 의미에 알맞은 낱말 풍선을 연결하고 따라 써 봅시다.

의미: 다른 사람에게 어떤 것을 소개하여 알게 하다.

2. 보기 와 같이 문장을 만들어 봅시다.

보기

케냐 노래를 + 친구들 + 알려 주다
→ 케냐 노래를 친구들에게 알려 주고 싶어요.

① 보드게임을 + 동생 + 알려 주다

→ _____

② 한국 음식을 + 친구들 + 알려 주다

→ _____

 어려운 말 익히기: 소개, 놀이, 사이좋게

3. 그림을 보고 빈칸에 들어갈 낱말을 써 봅시다.

윷 |　|　|　　공기 |　|　|　　|　|　| 공원

4. 파란색으로 표시된 말의 의미를 생각하며 따라 써 봅시다.

① 우리 가족을 소개할게요. 우리 가족은 아빠, 할머니, 저, 동생 네 명이에요.

② 친구와 싸우지 말고 사이좋게 지내야 해.

표현해 보기

5. 내가 좋아하는 것과 잘하는 것을 넣어 자기를 소개하는 글을 써 봅시다.

사물의 여러 가지 특징을 찾아보기

〈학습 도구 한국어〉 162~165쪽

 어려운 말 익히기: 특징, 떠오르나요(떠오르다), 생김새

1. 자음자에 알맞은 말을 써서 대화를 완성해 봅시다.

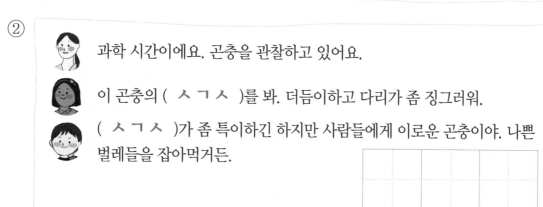

① 미술 시간이에요. 짝꿍을 살펴보고 그림을 그려요.

저밍, 짝꿍의 (ㅌ ㅈ)을 찾았어?

응, 내 짝꿍의 (ㅌ ㅈ)은 키가 크고, 안경을 썼다는 거야.

그렇구나. 이제 그림을 그리면 되겠다.

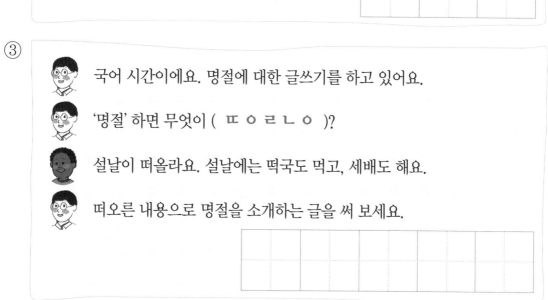

② 과학 시간이에요. 곤충을 관찰하고 있어요.

이 곤충의 (ㅅ ㄱ ㅅ)를 봐. 더듬이하고 다리가 좀 징그러워.

(ㅅ ㄱ ㅅ)가 좀 특이하긴 하지만 사람들에게 이로운 곤충이야. 나쁜 벌레들을 잡아먹거든.

③ 국어 시간이에요. 명절에 대한 글쓰기를 하고 있어요.

'명절' 하면 무엇이 (ㄸ ㅇ ㄹ ㄴ ㅇ)?

설날이 떠올라요. 설날에는 떡국도 먹고, 세배도 해요.

떠오른 내용으로 명절을 소개하는 글을 써 보세요.

2. 빈칸에 알맞은 말을 골라 써 봅시다.

> 특징   떠오른   생김새   떠올랐어요

① 그림을 보고 (   ) 생각을 발표해 보세요.

② 코끼리의 (   )은 긴 코이다.

③ 방금 재미있는 생각이 (   ).

④ 내가 가진 인형은 (   )가 독특하다.

어려운 말 익히기: 사물, 부분

3. 의미에 알맞은 낱말을 연결하고 빈칸에 따라 써 봅시다.

전체를 만드는 작은 것. 또는
전체를 여러 개로 나눈 것 가운데 하나   •   •   사물

직접 보거나 만질 수 있는
세상의 모든 물건   •   •   부분

부엉이 선생님 또 보기: **나누어 살펴보기**

4. 다음 문장을 따라 써 봅시다.

사물을 부분으로 나누어 살펴보면 사물의 특징을 잘 알 수 있어요.

함께 해 봐요

 표현해 보기

1. 그림의 부분과 알맞은 전체 그림을 연결하고 낱말을 따라 써 봅시다.

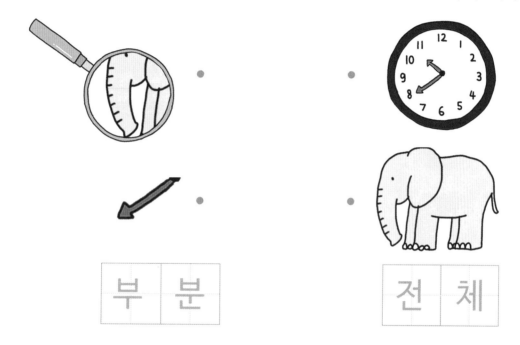

부 분

전 체

2. 사물을 부분으로 나누어 설명해 봅시다.

수박은 □□ 색 입니다.
검은 줄무늬가 있습니다.

수박의 속은 □□ 색 입니다.

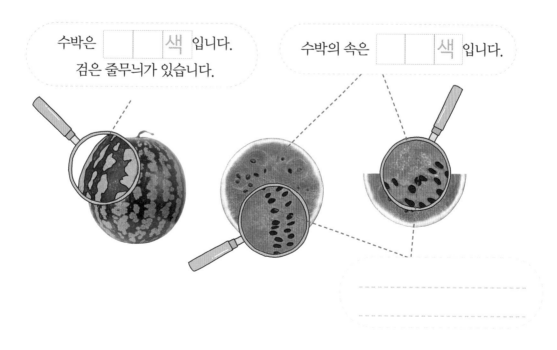

14

잘 했는지 확인해요

- 어려운 말 익히기
- 부엉이 선생님 또 보기
- 표현해 보기

 내가 한 일 되돌아보기 〈학습 도구 한국어〉 172~173쪽

 어려운 말 익히기: 실천, 알맞은(알맞다)

1. 의미에 알맞은 낱말을 연결하고 따라 써 봅시다.

일정한 기준이나
조건에 잘 맞아
모자라거나 넘치지 않음. •

• 실천

생각한 것을
실제 행동으로 옮김. •

• 알맞다

2. 어울리는 것끼리 연결하여 문장을 완성하고 써 봅시다.

엠마가 빈칸에 쓴 말은 •

• 실천했다.

방학 동안 계획표에 적힌 일을 •

• 알맞다.

① _____

② _____

3. 그림에 알맞은 낱말을 연결하고 따라 써 봅시다.

 숙제를 열심히 잘 했는지 평가해 봅시다.

평가표 ☺ ☺ ☹ • • 표시

 숙제를 열심히 잘 했는지 평가해 봅시다.

평가표 ☺ ☺ ☹ • • 빈칸
✓

4. 파란색으로 표시된 낱말의 의미를 생각하며 따라 써 봅시다.

① 낱말 퀴즈의 빈칸에 들어갈 말을 모두 채웠다.

② 알맞은 그림에 표시하세요.

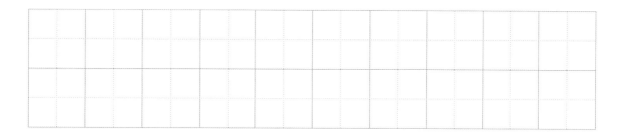

5. 글을 읽고 물음에 답해 봅시다.

> 수업에서 (㉠)는 활동을 잘 했는지, 활동 결과물이 잘 되었는지, <u>해야 할 일을 열심히 했는지</u> 등을 생각해 보는 거예요.

1) ㉠에 들어갈 말을 써 보세요.

2) 밑줄 그은 말을 따라 써 보세요.

- -

- -

6. 그림을 보고 방 정리를 잘 했는지 평가표에 표시해 봅시다.

평가표   매우 잘 했어요   잘 했어요   더 노력해요

친구의 작품 평가하기

〈학습 도구 한국어〉 174~177쪽

 어려운 말 익히기: 작품, 드러났는지(드러나다)

1. 글자 카드를 사용하여 빈칸에 공통으로 들어갈 말을 만들고 써 봅시다.

작	다	드	났	품	러

① 국어 시간에 문학 (㉠)을 읽었다.
친구들의 미술 (㉠)을 살펴보았다.

② 주제가 분명하게 (㉡).
친구의 기분이 표정에 (㉡).

2. 빈칸에 알맞은 말을 골라 써 봅시다.

작품   드러났는지

 친구들의 작품을 보고 평가해 보세요. ( )을 평가할 때에는 어떤 점을 고려해야 할까요?

 주제가 잘 ( ), 표현을 잘 했는지 살펴보아야 해요.

 잘된 점과 고칠 점을 찾아보아야 해요.

어려운 말 익히기: 고칠(고치다), 다양한(다양하다), 관계

3. 그림을 보고 빈칸에 알맞은 말을 골라 써 봅시다.

> 다양한   고쳐요   관계

① 고장난 전화기를 ⬜⬜⬜⬜.

② 책꽂이에 ⬜⬜⬜ 책들이 있어요.

③ 달팽이와 ⬜⬜ 없는 강아지는 그리지 않는 것이 좋아요.

4. 3번에서 완성한 문장 중 하나를 골라 써 봅시다.

1. '누가 누가 잘했나' 활동을 하고 있어요. 대화를 완성해 봅시다.

아이다: 성우와 함께 눈썰매를 타는 모습이야. 즐거워하는 마음이 얼굴에 잘 드러나도록 그렸어.

성우: 그래. 아이다 그림의 좋은 점이야. 정말 즐거워하는 마음이 얼굴에 잘 (   ) 그렸네.

요우타: 나는 이 그림에서 고칠 점을 찾았어. 성우를 아이다와 비슷한 크기로 그렸으면 좋겠어.

지민: 성우와 요우타가 좋은 점과 (   ) 점을 잘 말해 주었어.

2. 위의 대화를 읽고 친구들이 평가한 내용을 찾아 써 봅시다.

	평가한 내용
좋은 점	
고칠 점	

어떻게 해결할까요

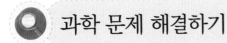 과학 문제 해결하기

〈학습 도구 한국어〉 184~185쪽

 어려운 말 익히기: 제시

1. 빈칸에 공통으로 들어갈 낱말을 써 봅시다.

① 체육 시간에 지켜야 할 규칙을 ⬜⬜ 했다.

② 친구가 ⬜⬜ 한 방법으로 수학 문제를 풀었다.

③ 환경 오염 문제를 해결하기 위한 방법을 ⬜⬜ 했다.

2. 빨간색으로 표시된 낱말의 의미를 생각하며 따라 써 봅시다.

지민이는 여러 가지 의견을 적극적으로 제시했다.

3. 낱말을 듣고 쓰세요. 그리고 알맞은 문장과 연결해 봅시다.

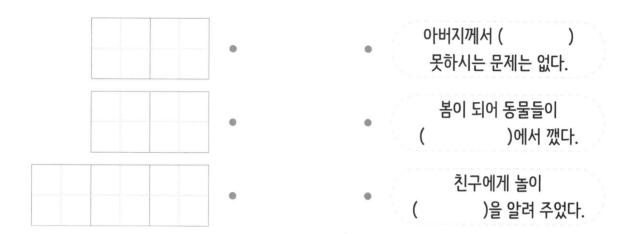

•   •   아버지께서 (   )
       못하시는 문제는 없다.

•   •   봄이 되어 동물들이
       (   )에서 깼다.

•   •   친구에게 놀이
       (   )을 알려 주었다.

4. 그림을 보고 빈칸에 알맞은 낱말을 골라 써 봅시다.

겨울잠   해결   방법

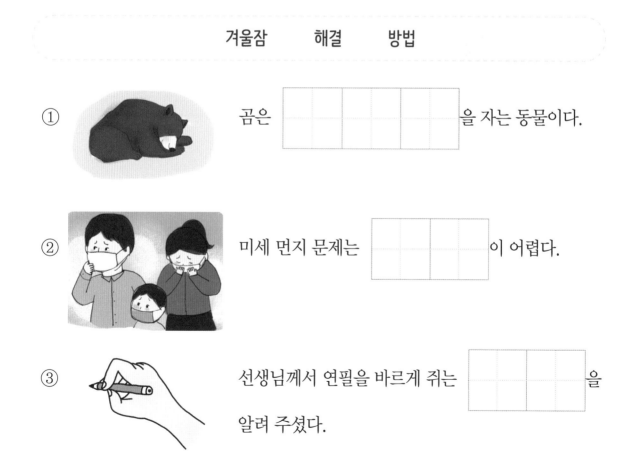

① 곰은 [   ] 을 자는 동물이다.

② 미세 먼지 문제는 [   ] 이 어렵다.

③ 선생님께서 연필을 바르게 쥐는 [   ] 을

알려 주셨다.

〈학습 도구 한국어〉 186~189쪽

 어려운 말 익히기: 추측, 맞는(맞다), 주의

1. 그림을 보고 빈칸에 알맞은 낱말을 골라 써 봅시다.

추측　　맞다　　주의

①
빈 곳에 들어갈 조각을  했다.

②
실험 도구가 깨지지 않게  해서

다루었다.

③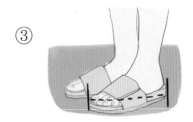
실내화가 발에 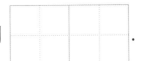 .

2. 칠교판으로 모양을 만들고 있어요. 빈칸에 알맞은 말을 골라 써 봅시다.

추측　　맞는　　주의

칠교판을 이용해서 만든 모양이에요.
빈 곳에 들어갈 조각을 ☐☐☐☐ 해 보세요.

칠교판으로 모양을 만들 때
☐☐☐☐ 해야 할 점은 뭘까?

모양을 만들 때 일곱 조각을 모두
사용해야 해. 남은 조각들 중
빈 곳에 ☐☐☐☐ 조각은 뭘까?

3. 알맞은 것끼리 연결하여 문장을 완성하고 써 봅시다.

① 반지가 손가락에 ●　　● 추측했다.
② 친구의 표정을 보며 기분을 ●　　● 맞다.
③ 칼을 사용할 때 손가락이 베이지 않도록 ●　　● 주의했다.

① ‒‒‒‒‒‒‒‒‒‒‒‒‒‒‒‒‒‒‒‒‒‒‒‒‒‒‒‒‒‒‒‒‒‒‒‒‒‒‒

② ‒‒‒‒‒‒‒‒‒‒‒‒‒‒‒‒‒‒‒‒‒‒‒‒‒‒‒‒‒‒‒‒‒‒‒‒‒‒‒

③ ‒‒‒‒‒‒‒‒‒‒‒‒‒‒‒‒‒‒‒‒‒‒‒‒‒‒‒‒‒‒‒‒‒‒‒‒‒‒‒

‒‒‒‒‒‒‒‒‒‒‒‒‒‒‒‒‒‒‒‒‒‒‒‒‒‒‒‒‒‒‒‒‒‒‒‒‒‒‒

4. 글자 카드를 사용하여 빈칸에 공통으로 들어갈 말을 만들고 써 봅시다.

| 순 | 곳 | 빈 | 서 |

① 경기 (㉠)를 정했다.
　(㉠)를 지켜 교실로 들어갔다.

② 꽃이 많아 화단에 (㉡)이 없다.
　(㉡)을 채워 그림을 완성하세요.

5. 문장을 듣고 써 봅시다.

①

②

③

함께 해 봐요

표현해 보기

1. '칠교놀이' 방법이에요. 빈칸에 들어갈 낱말을 골라 써 봅시다.

> 칠교판   순서   모양   주의

① (   )을 사용하여 모양을 만든다.

② 가위바위보를 해 순서를 정한다.

③ 정해진 (   )대로 자기의 모양을 보여 준다.

④ 친구가 보여 주는 (   )을 보고 답을 말한다.

⑤ 모양을 만들 때 일곱 조각을 모두 사용하고, 조각들이 서로 겹치지 않도록 (   )한다.

2. '칠교놀이'를 하고 있어요. 그림을 보고 대화를 완성해 봅시다.

성우가 만든 모양 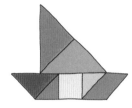   지민이가 만든 모양

성우: 내가 만든 모양이 뭔지 맞혀 봐.

지민: 너는 [   ]을 이용해서 배 모양을 만들었어.

성우: 맞아. 이제 지민이가 만든 모양이 뭔지 맞혀 볼게. 네가 만든 모양은 나무 모양이야.

지민: [   ].

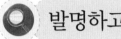

16 발명가가 될래요

● 어려운 말 익히기
● 표현해 보기

발명하고 싶은 물건 소개하기　　〈학습 도구 한국어〉 196~197쪽

　어려운 말 익히기: 발명, 직접

1. 그림을 보고 빈칸에 알맞은 낱말을 골라 써 봅시다.

발명　　직접

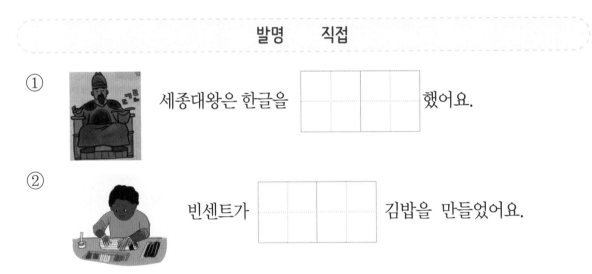

① 세종대왕은 한글을 [　　] 했어요.

② 빈센트가 [　　] 김밥을 만들었어요.

2. 빨간색으로 표시된 낱말의 의미를 생각하며 따라 써 봅시다.

박물관에서 에디슨이 발명한 전구를 직접 살펴보았다.

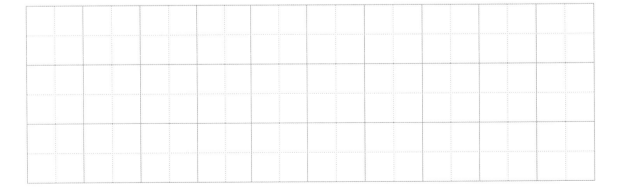

3. 낱말을 알맞은 문장과 연결하고 빈칸에 써 봅시다.

발명
● ─── ● [   ] 이라고 하면 에디슨이 떠오른다.

● 내가 푼 시험지를 내가 [   ] 채점했다.

● 유명한 과학자를 [   ] 만나 볼 수 있었다.

직접
● 학생 [   ] 대회에서 최고상을 받았습니다.

4. 보기 와 같이 문장을 만들어 봅시다.

보기

세종대왕 + 물시계 + 발명하다
→ 세종대왕이 물시계를 <u>발명했다</u>.

① 에디슨 + 전구 + 발명하다

→ --------------------------------

보기

세종대왕 + 발명 + 물시계 + 보다
→ 세종대왕이 <u>발명한</u> 물시계를 보았다.

② 에디슨 + 발명 + 전구 + 보다

→ --------------------------------

어려운 말 익히기: 표현

1. 빈칸에 공통으로 들어갈 낱말을 써 봅시다.

> 우리는 수업 시간에 다양한 (ㅍ ㅎ) 활동을 합니다. 예를 들어 미술 시간에 관찰한 것이나 상상한 것을 그림으로 (   )합니다. 또 음악 시간에 음악을 듣고 느낀 점을 춤으로 (   )합니다.

2. 그림을 보고 빈칸에 알맞은 말을 골라 써 봅시다.

표현했다   표현하는

① 고마워.

친구에게 고마운 마음을

말로 | | | | | | .

②

빈센트는 관찰한 것을 그림으로

| | | | |

활동을 좋아한다.

3. 의미에 알맞은 낱말 풍선을 아이다와 연결하고 따라 써 봅시다.

의미: 아직 일어나지 않은 일을 머릿속으로 그려 보는 것

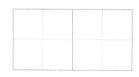

4. 빈칸에 공통으로 들어갈 낱말을 쓰고 읽어 봅시다.

① 이야기를  해서 쓰는 것을 소설이라고 합니다.

② 내가 커서 되고 싶은 것을  해 보고 그림으로 표현해 봅시다.

5. 빈칸에 알맞은 말을 골라 써 봅시다.

상상했어요   상상한   상상해

 아이다, 오늘은 학교에서 무엇을 배웠니?

 커서 되고 싶은 것을 (   ).

그리고 (   ) 내용을 글로 썼어요.

 미래를 (   ) 보니 기분이 어땠니?

꿈을 이룬 모습을 상상하니 기분이 좋았어요.

 아이다는 꼭 꿈을 이룰 수 있을 거야.

 표현해 보기

6. 그림일기를 쓰는 과정이에요. 그림에 맞는 내용을 ㉠~㉮ 중에서 골라 써 봅시다.

(   ) – (   ) – (   ) – (   ) – (   ) – (   )

㉠ 일기로 쓸 내용 떠올리기   ㉡ 날짜와 요일, 날씨 쓰기
㉢ 쓴 것을 다시 읽고 다듬기   ㉣ 쓸 내용을 그림으로 그리기
㉤ 떠올린 내용 중 하나 고르기   ㉮ 느낌과 생각이 드러나게 글로 쓰기

표현해 보기

1. '상상해서 함께 그리기' 활동에서 그린 그림을 소개하는 문장을
보기 와 같이 완성해 봅시다.

> 보기　　　나는 우주를 탐험하는 모습을 상상하여 그림으로 표현했어.

나는 _____ 그림으로 표현했어.

2. '상상해서 함께 그리기' 활동을 하고 있어요. 자음자에 알맞은 낱말을
써서 대화를 완성해 봅시다.

아이다: 우주를 탐험하는 모습을 (㉠ ㅅ ㅅ)하여 그려 보았어.

성우: 두 사람이 새로운 행성을 발견하여 깃발을 꽂고 있어.

요우타: 미래에는 우주를 자유롭게 다닐 수 있는 우주복도 (㉡ ㅂ ㅁ)하게
될 거야.

지민: 우주를 여행할 수 있는 여행선도 생겨서 사람들이 자유롭게 우주를
여행하는 모습도 (㉢ ㅍ ㅎ)했어.

　　㉡ 　　㉢

★

1. 자세히 살펴보는 활동 이해하기

1. 모습

2. 모습

4. ① 이용했다   ② 설명했다

5. ① 토끼가 있어요. 토끼의 귀는 길어요.
   ② 달팽이가 있어요. 달팽이의 껍데기는 커요.

2. 수업 시간에 할 수 있는 여러 활동 살펴보기

2. ⑩ 낱말을 정확히 쓰는 것이(것도)/낱말을 정
   확히 쓸 수 있는 것이(것도)

3. ① 새싹의 이름을 세모뿔로/세모 모양의 뿔과
   비슷한 모습이기
   ② 새싹의 이름을 네모 두 개로/네모 모양과
   비슷한 잎이 두 개 있는 모습이기

4. ① 바른 자세   ② 높임말

3. 함께 해 봐요

2. 두 개/한 개/위쪽에/아래쪽에

1. 그림이 나타내는 의미를 찾아보기

1.

가까운 곳		경험	경 험
겉으로 보이는 생김새		주변	주 변
정말로 해 보는 것, 겪어 보는 것		모양	모 양

3. ① 모양 ② 주변 ③ 경험

4. ① 사과를 먹고 있어요.
   ② 책을 들고 있어요(책이에요).

5. 의미

2. 예상해서 답하기

2. ① 배열   ② 예상

3. 1)

| 비가 올 것을 | | 것이 어렵다. |
| 예상하는 | | 예상해서 |

2) ① 비가 올 것을 예상해서
   ② 예상하는 것이 어렵다.

4. 짧은바늘/긴바늘

3. 함께 해 봐요

1. 동그라미 모양이 와./차례대로 이어지고 있어
   (차례대로 이어지는 규칙이 있어).

2.

1. 우리 반이 함께 할 일 계획하기

1. ① 조사
   ② 계획

2.

4.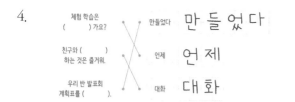

2. 가족 행사표 만들기

1.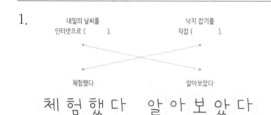

체 험 했 다   알 아 보 았 다

2. ① 알아보았어
   ② 체험
3. 가족
4. 3/가족들/생일
5. 1) 언제
   2) ②
6. 예

어디에서	우리 집에서
무엇을	부모님께 카네이션을 달아 드린다./맛있는 음식을 부모님과 함께 먹는다.

3. 함께 해 봐요

1. 1) ③
   2) 동물원에서 무엇을 할 계획이니?
2. 예 먹이 주기 체험을 하려고 해./먹이 주기 체험을 할 계획이야.

4단원 더 길어요 더 짧아요

1. 대상을 비교하여 말하기

1. 가장/가장

2.

3. 재어
5. 비교/보다
6. ①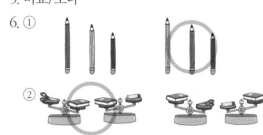

2. 바르고 고운 말 사용하기

1.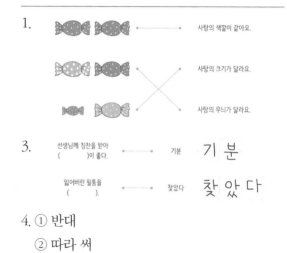

3. 선생님께 칭찬을 받아 ( )이 좋다. — 기분 기 분
   잃어버린 필통을 ( ). — 찾았다 찾 았 다
4. ① 반대
   ② 따라 써

3. 함께 해 봐요

1. 쌓기 나무
2. 예 자가 가장 길어./지민이의 자가 가장 길어.

5단원 답을 구해요

1. 수학 문제 해결하기

2.

3. ① 암호를 풀었다.
   ② 수수께끼를 풀었다.
4. 더하기, 빼기 계산을 해요.
5. ① 표현   ② 계산

2. 문제점을 찾아 해결하기

1.
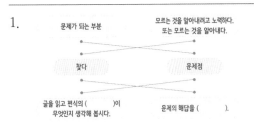

2. 문제점/찾아

4.
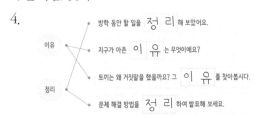

5. 1) 주제에 관련된 여러 가지 생각을 떠올리는
      방법
   2) ④

6.

3. 함께 해 봐요

1. 1) 주사위에 나온 숫자만큼 움직여요.
   2) 어떤 내용인지 말하고 스티커는 붙이지
      않아요.
2. 예 환경 오염 문제를 해결하려면 분리수거를
      잘 해야 해.

1. 친구의 발표를 듣고 칭찬하기

2. ① 적당해서   ② 적당하다   ③ 적당한지

4.
| 다니엘은 작은 일에도 늘 최선을 다해서 선생님께 (   )을 받아요. | → | 칭찬 | 칭 찬 |
| 주말에 있었던 일을 친구들 앞에서 (   )해 보았어요. | → | 발표 | 발 표 |

2. 수행 평가 과정 익히기

2. 다시/방법
5. ㉠ 단원   ㉡ 번호

3. 함께 해 봐요

1. 1) 예 번호와 이름을 잊지 않고 잘 썼다.
   2) 예 글씨를 예쁘게 썼다.
   3) 예 안 푼 문제가 있다./문제를 다 안 풀었다.
2. 뒤에, 번호, 위

1. 주인공이 되어 말하기

2. ① 기분이 나쁘다.
   ② 기분이 이상하다.
   ③ 속상한 기분이 들었다.
   ④ 이상한 기분이 들었다.
3. ① 실감 나는   ② 실감 나게

2. 독서 기록장 쓰기

2. ① 상상   ② 등장

3.
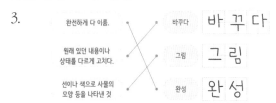

4. 활동/그림/바꾸어

5. 1) 예 호랑이: 팥죽을 먹으러 갔다가 깜짝 놀랐어./정말 무서웠어./무서운 기분이 들었어.

   2) 예 [나의 그림(생략)] [나의 설명] 알밤이 갑자기 아궁이에서 튀어나와 호랑이 눈을 때리고 있어요.

3. 함께 해 봐요

1. 1) ③

   2) 리암: 연필   아이다: 줄넘기

2. 예 급식에 나온 바나나 껍질에 쭉 미끄러지는 거야./우유갑을 밟고 미끄러져 넘어지는 거야.

8단원　**나누어 보고 묶어 보고**

1. 같은 모양끼리 묶기

1.

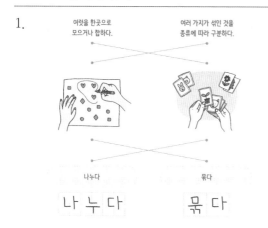

2. ① 나누어 ② 묶어 ③ 묶을 ④ 나누었어요

4.

5. ① 묶을 수 있어요.

   ② 색 구슬과 같이 묶을 수 있어요.

---

2. 동물을 여러 가지 방법으로 분류하기

2. ① 과일을 색깔에 따라 분류해요.

   ② 동물을 사는 곳에 따라 분류해요.

   ③ 사물을 모양에 따라 분류해요.

3. 1) 분류

   2) 사는 곳에 따라 나누었어요.

   3) 사자, 호랑이, 타조, 닭

4.

3. 함께 해 봐요

1. 분류 끝

2. 1) 별 모양은 동그라미 모양과 같이 묶을 수 없어요.

   2) 네모 모양은 네모 모양끼리 모아요.

9단원　**하나하나 설명해요**

1. 순서대로 관찰하고 말하기

1.

2. ① 꾸며요

   ② 순서

   ③ 꾸미기

4.

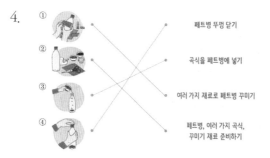

곡식 악기 만들기 순서: (②) → (③) →
(④) → (①)

2. 자연을 관찰하고 쓰기

1. 설명
3. 과정
4. 손을 씻는 과정을 자세히 배울 거예요.
   엄마가 과자를 굽는 과정을 잘 설명해 주셨어.
5. ① 눈의 결정
   ② 돋보기
   ③ 별/뾰족뾰족한
6. ① 과자
   ② 손
   ③ 고양이/토끼

3. 함께 해 봐요

1. ㄴ/ㄱ/ㄷ

2.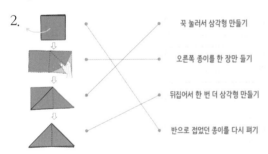

10단원 다음에는 무슨 일이

1. 일의 차례 생각하기

1. ① 바르게/차례
   ② 바른
3. 바르게/바른/차례
4. ① 차례
   ② 비누
5. ① 나타내는지
   ② 나타내는

6. ① 나타내는지/나타내는
   ② 이 그림이 무엇을 나타내는지 말해 볼까요?/
      나타낸 그림이에요.

2. 숨은 내용 찾아보기

1. 부분
3. 누구세요? 나를 아세요?/샘물을 마셨더니
   젊은 여자가 되었어요?/이제 나도 다시 젊어질
   수 있겠지?/샘물을 너무 많이 마셨나 봐요.

3. 함께 해 봐요

1. 예) 매일 먹어요?/빨간색이에요?/고기로 만들
   어요?/튀겨서 만들어요?/집에서 만들어
   요?/식당에서 먹어요?/한국 음식이에요?
2. ④

11단원 알고 싶어요

1. 조사하는 활동 살펴보기

1. ① 다양하다
   ② 다양한
3. 방법
4. ① 방법
   ② 방법
5. 1) ③, ④
   2) 예) 조사하는 것에 대해 잘 아는 사람에게
      물어본다./어른들에게 여쭤본다.

2. 이야기 속 인물 소개하기

1.

2. ① 인물

② 소개

3. 완성했어요/완성한

3. 함께 해 봐요

1. 생일/음식

2.
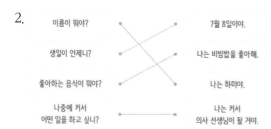

12단원 **어떤 점이 다를까요**

1. 수의 크기 비교하기

1. 세어
2. 사용
3. 크기
4.

2. 여러 가지 모습 비교하기

1. 공통적/차이

2.

4. 모두/공통적/차이
6. 예 딸기와 참외는 모두 과일이다./딸기의 크기는 참외의 크기보다 작다./참외는 딸기보다 크다./딸기와 참외의 색깔이 다르다.

3. 함께 해 봐요

1. 1) ③, ④
   2) 둥근 모양이에요.
2. 예 시계와 접시는 모두 둥근 모양이에요./ 시계와 단추는 모두 둥근 모양이에요.

13단원 **특징이 있어요**

1. 부분으로 나누어 설명하기

1. 알려 주다
2. ① 보드게임을 동생에게 알려 주고 싶어요.
   ② 한국 음식을 친구들에게 알려 주고 싶어요.
3. 놀이
5. 예 제 이름은 ○○○입니다. 저는 책 읽는 것과 강아지를 좋아합니다. 제가 잘하는 것은 그림 그리기입니다(저는 그림을 잘 그립니다).

2. 사물의 여러 가지 특징을 찾아보기

1. ① 특징   ② 생김새   ③ 떠오르나요
2. ① 떠오른   ② 특징   ③ 떠올랐어요   ④ 생김새

3.

3. 함께 해 봐요

1.
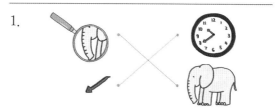

2. 초록색/빨간색/수박의 씨는 검은색입니다.

1. 내가 한 일 되돌아보기

1.

2.

① 엠마가 빈칸에 쓴 말은 알맞다.
② 방학 동안 계획표에 적힌 일을 실천했다.

3.

5. 1) 평가
   2) 활동을 잘 했는지, 활동 결과물이 잘 되었
      는지, 해야 할 일을 열심히 했는지

6.
평가표

2. 친구의 작품 평가하기

1. ① 작품
   ② 드러났다
2. 작품/드러났는지
3. ① 고쳐요
   ② 다양한
   ③ 관계
4. 고장난 전화기를 고쳐요./책꽂이에 다양한 책
   들이 있어요./달팽이와 관계없는 강아지는 그
   리지 않는 것이 좋아요.

3. 함께 해 봐요

1. 드러나도록/고칠

2. 즐거워하는 마음이 얼굴에 잘 드러나도록 그
   렸어./성우를 아이다와 비슷한 크기로 그렸으
   면 좋겠어.

1. 과학 문제 해결하기

1. ① 제시
   ② 제시
   ③ 제시

3.

4. ① 겨울잠
   ② 해결
   ③ 방법

2. 칠교판으로 모양 만들기

1. ① 추측
   ② 주의
   ③ 맞다
2. 추측/주의/맞는
3.
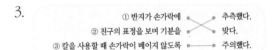

① 반지가 손가락에 맞다.
② 친구의 표정을 보며 기분을 추측했다.
③ 칼을 사용할 때 손가락이 베이지 않도록
   주의했다.
4. ① 순서
   ② 빈 곳
5. ① 그 경기에서 누가 이길지를 추측해 보았다.
   ② 맞춤법에 맞게 낱말을 고치세요.

③ 모둠 활동을 할 때 주의해야 할 일을 알아
　보았다.

3. 함께 해 봐요

1. ① 칠교판
　③ 순서
　④ 모양
　⑤ 주의
2. ① 조각
　② 맞아

4. ① 상상
　② 상상
5. 상상했어요/상상한/상상해
6. ㄱ-ㅁ-ㄴ-ㄹ-ㅂ-ㄷ

3. 함께 해 봐요

1. 예 바다를 탐험하는 모습을 상상하여/사막을
　탐험하는 모습을 상상하여/미래의 도시 모
　습을 상상하여
2. ㄱ 상상
　ㄴ 발명
　ㄷ 표현

> ### 16단원　발명가가 될래요

1. 발명하고 싶은 물건 소개하기

1. ① 발명
　② 직접
3.

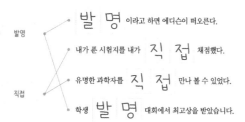

발명 ── ● 발 명 이라고 하면 에디슨이 떠오른다.
　　　● 내가 푼 시험지를 내가 직 접 채점했다.
　　　● 유명한 과학자를 직 접 만나 볼 수 있었다.
직접 ── ● 학생 발 명 대회에서 최고상을 받았습니다.

4. ① 에디슨이 전구를 발명했다.
　② 에디슨이 발명한 전구를 보았다.

2. 상상한 내용 표현하기

1. 표현
2. ① 표현했다
　② 표현하는
3.

발명　직접　표현　상상

메모

기획·담당 연구원 ——

정혜선 국립국어원 학예연구사
이승지 국립국어원 연구원
박지수 국립국어원 연구원

집필진 ——

책임 집필
이병규 서울교육대학교 국어교육과 교수

공동 집필
박지순 연세대학교 글로벌인재학부 교수
손희연 서울교육대학교 국어교육과 교수
안찬원 서울창도초등학교 교사
오경숙 서강대학교 전인교육원 교수
이효정 국민대학교 교양대학 교수
김세현 서울명신초등학교 교사
김정은 서울가원초등학교 교사
박유현 연세대학교 언어연구교육원 한국어학당 강사

박지현 연세대학교 언어연구교육원 한국어학당 강사
박혜연 서울교대부설초등학교 교사
신윤정 서울도림초등학교 교사
신현진 서울강동초등학교 교사
이은경 세종사이버대학교 한국어학과 교수
이현진 서울천일초등학교 교사
조인옥 연세대학교 언어연구교육원 한국어학당 교수
강수연 서울구로중학교 다문화이중언어 교원

초등학생을 위한
표준 한국어 익힘책
학습 도구 1~2학년

ⓒ 국립국어원 기획 | 이병규 외 집필

초판 1쇄 발행 | 2020년 2월 5일
초판 2쇄 발행 | 2021년 6월 15일

기획 | 국립국어원
지은이 | 이병규 외
발행인 | 정은영
책임 편집 | 한미경
디자인 | 디자인붐, 이경진, 정혜미, 박현정
일러스트 | 우민혜, 민효인, 김채원, 고굼씨

펴낸 곳 | 마리북스
출판 등록 | 제2019-000292호
주소 | (04037) 서울특별시 마포구 양화로 59 화승리버스텔 503호
전화 | 02)336-0729   팩스 | 070)7610-2870
이메일 | mari@maribooks.com
인쇄 | (주)현문자현

ISBN 979-11-89943-27-1 (64710)
      979-11-89943-12-7 (set)

＊이 책은 마리북스가 저작권사와의 계약에 따라 발행한 것이므로
  본사의 허락 없이는 어떠한 형태나 수단으로도 이용하지 못합니다.
＊잘못된 책은 바꿔 드립니다.
＊가격은 뒤표지에 있습니다.